国网浙江省电力有限公司宁波供电公司 组编

地市级供电企业

电力营销数字化合规管控

中国电力出版社
CHINA ELECTRIC POWER PRESS

内容提要

本书基于数字化营销合规管控的工作方式，从营销数字化合规管控基础知识篇、机制篇、内容篇、成果篇四个维度，按照业扩报装、电费电价、计量采集、用电检查、营销项目和新型业务六大类营销专业核心业务和风险内控要求，利用信息化检测方式和大数据分析技术开展合规管控，并进行总结提炼，为营销稽查人员提供具体、实用、可操作的数字化稽查方法，可作为地市、区县供电公司组织开展营销合规管控的实用稽查工具和业务手册。

图书在版编目（CIP）数据

地市级供电企业电力营销数字化合规管控 / 国网浙江省电力有限公司宁波供电公司组编 . -- 北京：中国电力出版社，2024. 12. -- ISBN 978-7-5198-9224-1

Ⅰ. F426.61

中国国家版本馆 CIP 数据核字第 20243G97U7 号

出版发行：中国电力出版社
地　　址：北京市东城区北京站西街 19 号（邮政编码 100005）
网　　址：http: //www.cepp.sgcc.com.cn
责任编辑：王蔓莉（010-63412791） 马雪倩
责任校对：黄　蓓　王小鹏
装帧设计：王红柳
责任印制：石　雷

印　　刷：三河市万龙印装有限公司
版　　次：2024 年 12 月第一版
印　　次：2024 年 12 月北京第一次印刷
开　　本：787 毫米 ×1092 毫米　16 开本
印　　张：12.25
字　　数：237 千字
定　　价：68.00 元

编委会

编写组

前言

电力营销合规管控是电力营销环节内控约束机制的主要组成部分，是为实现预期营销工作效果、推动电力企业高质量发展的精细化管理模式。通过有效开展数字化电力营销合规管控工作，不仅能够提升电力企业的经济效益和社会效益，同时也能保证电力营销各项工作开展的可行性与可靠性。

国网浙江省电力有限公司宁波供电公司（以下简称“国网宁波供电公司”）为进一步夯实营销全业务数字化合规管控基础，整体提高电力营销基层员工的工作能力，持续提升供电服务水平，本着直观性、规范性、实效性的原则，编写了《地市级供电企业电力营销数字化合规管控》。

本书着重围绕营销合规管控基础知识、合规管控机制、合规管控内容及合规管控成果四个方面开展讲解，总结提炼了“1234+*N*”“三位一体”稽查和典型主题案例等内容，为营销合规管控工作的组织开展提供全体系的参考。

本书编写组成员均为年青、优秀的业务骨干，具有丰富的营销合规管控工作经验。本书在编写过程还得到了多位领导、专家的大力支持，谨向参与本书编写、研讨、审稿、业务指导的各位领导、专家和有关单位致以诚挚的感谢！

编者

2024 年 5 月

目录

前言

第一篇　营销数字化合规管控基础知识篇

第一章

营销数字化合规管控特点及应用分类

第一节　营销数字化合规管控特点

市场营销是公司发展的最前沿、为民服务的主阵地、经营创效的排头兵。为加快推进新型电力系统建设，构建卓越供电服务体系，全面提升公司供电服务能力和经营效率效益，持续开展营销全业务数字化合规管控，用数字技术深度融入全业务、全领域、全环节，进一步压缩管理时间成本，高效利用人力资源，持续增强营销效率效益，服务公司世界一流企业建设和“一体四翼”战略布局。

一、数字信息互联平台

聚集“数字赋能、提质增效”，搭建营销统一数字底座，通过加强数字采集基础能力建设，推动了各类服务信息融合贯通、高效应用，用“一键核查”方式监督管理服务质量，强化了数字技术应用对赋能精益管控的支撑作用。

二、信息贯通实时管控

构建融合型的数字服务信息，精准映射全环节营销服务，实现全要素信息融合，数字化实时管控业务过程或服务质量。对业务执行、服务过程中出现设备、质量等问题时，可及时通过相关手段及时进行处理，减少服务风险，提高工作效率。

三、同源同踪质量溯源

通过省侧各类营销业务数据沉淀融合，建设营销数字化运营管控平台，推进业务质量监测和运营管控在省、市两级集约，确保数字同源同踪，从而充分发挥信息技术、数字技术的优势，进一步提升营销合规管控工作质量。

四、决策分析引领发展

实施营销数字化合规管控，坚持生态赋能，实现全业务辅助决策、全场景立体展示，推进公司共建数字化转型，强化了业务监控和问题智能研判，健全了问题预警防控和异常闭环管控、数据统计分析机制，为各级、各专业管理提供辅助决策支撑，统筹推进公司卓越供电服务体系建设。

第二节　营销数字化合规管控应用分类

一、按方式分类

营销数字化合规管控根据方式的不同可分为事前校验、事中预警和事后稽查。

（1）事前校验：依托营销 2.0 系统，根据营销业务相关制度、规程、标准，通过字段校验和环节校验的方式实现事前的校验。

（2）事中预警：通过流程时限预警、业务规范预警、现场质量预警等方面的防控，及时发现现场作业安全性、真实性、规范性问题，实时向相关负责人员推送预警。

（3）事后稽查：事后进行管控，主要通过在线、专项、现场三位一体的稽查方式进行稽查管控。

二、按手段分类

营销数字化合规管控根据手段的不同，可分为数据分析、人工核查和现场走访。

（1）数据分析：通过纯数据分析即可查出问题，可由机器人流程自动化（RPA）进行替代，如客户功率因数异常、超容处理、业扩时限超短等主题。

（2）人工核查：在数据分析的基础上，进行人工档案和资料查阅核实才能查实问题，如多电源用户需量基本电费计收、社会救助优惠电价执行等主题。

（3）现场走访：在数据分析、档案查阅的基础上，必须现场走访或与用户沟通互动才能查实问题，如供电方案制定规范性等主题。

三、按业务类型分类

营销数字化合规稽查根据业务类型的不同，可分为营业业扩稽查、电价电费稽查、计量采集稽查、用电检查稽查、营销项目稽查和新型业务稽查。

（1）营业业扩稽查：对业务受理、现场勘察及供电方案答复、设计审核、送电准备、验收送电、资料归档、业扩配套电网工程管理等方面的稽查。

（2）电价电费稽查：对抄表管理、核算管理、账务管理等方面的稽查。

（3）计量采集稽查：对计量现场作业风险、采集运维、资产管理、实验室工作、计量档案管理不规范等方面的稽查。

（4）用电检查稽查：对重要用户管理、现场检查管理、供用电合同管理、保供电、窃电（违约）用电等方面的稽查。

（5）营销项目稽查：对项目储备规范性核查、项目实施规范性核查、项目验收规范性核查、项目结算规范性核查、项目档案规范性核查等方面的稽查。

（6）新型业务稽查：对分布式光伏超容并网、电能替代项目、岸电电价执行、台区光伏接入容量、用户侧储能反向电量等方面的稽查。

第二章

营销数字化合规管控知识内容

第一节　营销稽查监控运营管理知识

一、营销稽查监控工作定义

营销稽查监控工作指依据相关规章制度，应用数字化技术、现场核查等手段，对各级营销业务执行情况、国家及公司重点工作落实情况等进行全过程合规性审核，在线校核业务差错，防范经营风险，推动营销业务高效规范实施。

二、稽查管理

（一）稽查主题

稽查主题是对影响公司关键指标、工作质量、服务水平、经营成果等结果性问题的判断逻辑，通过对业务规则单独应用或组合应用，实现对同类异常问题的统一筛选、溯源分析。稽查主题包括主题名称、主题编号、主题等级、主题状态、专业分类、关键信息类别、应用场景、主题逻辑等信息。

（二）规则和主题管理

规则和主题主要是围绕影响公司的关键指标、工作质量、服务水平、经营成果等方面设立，包含校验规则、预警规则、稽查主题。按重要性等级由高到低分设五级。一级规则与主题由国家电网有限公司（以下简称“总部”）统一部署与管控；二、三级规则与主题由省公司统一部署与管控；四级规则与主题由省公司选择设置，地市公司自行管控；五级规则与主题由地市公司选择设置，区县公司自行管控。

规则和主题的管理按照管控层级实施全寿命周期管理。

（1）一级规则与主题根据管理需要由总部在营销稽查相关系统部署，定期组织专家对总部规则与主题进行评估及有效性评价，根据业务发展进行调整、新增及停用等全寿命周期管理。省公司可根据规则与主题的应用情况向总部提出修订需求。

（2）二至五级规则与主题由省公司根据管理需要在营销稽查相关系统部署，定期组织相关专家对规则与主题进行评估及有效性评价，根据业务发展进行调整、新增及停用等全寿命周期管理。市县公司可根据规则与主题的应用情况向省公司提出修订需求。

（三）校验规则和预警规则

（1）校验规则是对客户基础档案、设备参数、计量采集、电价策略等完整性、规范性、准确性的判断逻辑，内嵌在业务流程环节中，实现对业务操作结果的实时校核。校验规则包括规则名称、规则编号、规则等级、规则状态、专业分类、关键信息类别、应用场景、规则逻辑等信息。

（2）预警规则是对供电方案合理性、计量计费准确性、业务工单时效性、现场工作质量等进行过程管控的判断逻辑，与业务流程环节并联部署，实现对在途业务流程合规性的实时监测和异常预警。预警规则包括规则名称、规则编号、规则等级、规则状态、专业分类、考核时限、关键信息类别、预警频率、规则逻辑等信息。

校验规则和预警规则分为总部统推规则和省侧自建规则。统推规则由总部统一开发部署；自建规则由省、市、县公司自行开发部署，并按要求向总部推送校验和预警日志等数据信息。

（四）稽查工单管控

工单派发单位应对工单回复的完整性、合规性、真实性进行审核。对于回复不规范、虚列经济成效、整改结论与提交资料不匹配等工单，视为不合格工单，予以回退。总部、省公司应定期开展工单质检和白名单审核工作，对已归档工单开展抽检。工单规范要求如下：

（1）完整性。

1）问题原因完整。问题原因应包含问题发生、核查周期内的时间标识、人员标识和事件标识，能阐述清楚问题发生的原因和核查过程。

2）整改结果完整。整改结果应包含时间标识和事件标识，整改措施要具体、闭环，对于存在电量电费、业务费用追退补的工单应填写完整的计算过程。

3）佐证材料完整。佐证材料应符合工单质量要求，能够对问题原因、问题整改、稽查成效等予以证明。

（2）合规性。

1）过程合规。稽查人员在问题调查过程中的工作行为应符合国家法律法规以及总部相关规章制度要求。

2）结果合规。问题整改涉及的业务操作、电量电费计算、业务费用追退补等环节均应符合各专业有关规定。

3）成效合规。经济成效应符合专业逻辑，确保真实有效，符合营销稽查工作成效认定标准。

（3）真实性。

1）问题原因真实。问题原因应实事求是，符合业务逻辑，佐证材料应完整闭环，不得瞒报漏报、弄虚造假。

2）整改情况真实。问题整改涉及的系统流程、电量追退、电费及业务费用追退补等应与问题原因匹配，并与系统一致。

3）佐证材料真实。佐证材料应实事求是，严禁弄虚作假。佐证材料中如包含各级政府部门文件，应具有发文单位公章；客户证明材料应具有客户公章或法人、客户本人、授权人签名；系统截图、现场照片等应真实有效。

各单位应对稽查工单流转实施全过程管控，建立营销稽查例会、月报制度，分析稽查工作开展和问题整改闭环情况，总结经验并会同专业提出改进意见和措施，促进营销工作管理水平和工作质量持续提升。

（五）督查督办

督查督办是指对在线稽查、专项稽查、现场稽查中发现未按要求完成整改的问题发起督查督办，或对重大、重点、典型问题发起延伸督查，督导责任单位根据问题严重程度、影响范围等落实整改、反馈及闭环的工作机制。

1. 督查督办任务发起

（1）需整改的问题在规定时限内未完成整改。

（2）经核实异常问题未按要求整改到位或整改内容涉嫌弄虚作假。

（3）同一类问题长期存在，经多次整改后仍不规范。

（4）在稽查工单、白名单等质检工作中发现的不合格情况，经调查核实再次反馈仍不合格。

（5）督促下级单位，对重大、重点、典型问题开展延伸检查的事件。

（6）按照上级要求，对重大、重点、典型问题开展提级督办的事件。

2. 督查督办工单时限

总部、省公司、地市公司每月按要求对符合督查督办条件的异常工单及白名单进行分析，并在营销稽查相关系统功能中派发督查督办工单。

（1）工单承接单位在接到后 1 个工作日完成分析与派发，地市、区县公司可向本级相关专业进行转派。

（2）督查督办工单回复及处理时限，由工单派发单位根据问题紧急程度和重要程度确定，原则上重大问题首次回复不超过 10 个工作日，其他问题首次回复不超过 20 个工作日。

（3）无法按期完成的督查督办工单，需提前提出整改延期申请，报上级专业管理部门审批同意后落实提级管理。延期次数原则上不超过 1 次。

（4）督查督办工单审核重点应包含核查过程的规范性、整改处理结果的落实情况与佐证材料真实性。审核完成后录入审核结果、审核意见、审核人、审核时间等信息。审核不通过则退回重新处理。工单审核时限如下：

1）总部工单由国网客户服务中心在下级单位回复后 2 个工作日内完成审核，逐级承接的单位在下级单位回复后 1 个工作日完成审核。

2）省级工单由省营销服务中心在下级单位回复后 2 个工作日内完成审核，逐级承接的单位在下级单位回复后 1 个工作日完成审核。

3）地市级工单由地市公司营销部在下级单位回复后 2 个工作日内完成审核。

三、全过程管控

全过程管控是通过前移风险管控关口，实现提前发现业务隐患，从源头防范风险事件的发生，主要分为事前校验、事中预警、过程管控处理和事后管控。

（一）事前校验和事中预警

通过在业务全过程环节关键节点，内嵌业务校验规则或依托经验证有效的业务流程过程性预警规则，发挥营销系统数据资源和中台算力优势，自动校核各类营销业务差错，预判风险隐患，推动业务异常事前消缺、工作差错事中管控，切实降低业务差错。

（二）过程管控处理

各级稽查人员应常态完善校验和预警的时限、人员、方式、工作日时间等信息配置预警策略，跟踪风险校验、预警次数及整改进度，对校验和预警未及时处置或处置不当的转为事后稽查管控。对同一问题在同一地区频繁发生的风险，协同相关专业开展溯源分析。

针对局部突发问题、集中爆发及属地政策执行偏差等情况，由总部、省公司、市公司分级发起风险预警工单，录入内容包括工单编号、工单名称、工单描述、预警单位、预警答复时间以及附件等信息。总部派发的风险预警工单，省公司可直接处理或下派至市县公司处理，工单办结后，逐级审核并传递至总部归档；省级及以下单位派发的风险预警工单，需纳入闭环管控。

预警工单实行营销稽查专业和营销业务专业“双发送”工作模式，由营销业务专业负责问题整改，营销稽查管理专业负责工单派发、回复、督办、审核，被预警单位应按期完成预警工单答复，逐级审核通过后归档。

（三）事后管控

1. 在线稽查

在线稽查是依托各类系统数据，将营销业务管理和执行中的风险点形成主题规则，筛查出疑似异常数据，常态开展的线上化营销稽查。

在线稽查工单分为总部工单、省级工单、地市级工单，分别由国网客服中心、省公司、地市公司派发，各下属单位逐级承接处理。总部、省公司、地市公司每月 10 日前完成对统推主题异常数据的分析与派发。工单承接单位在接到工单后 1 个工作日完成异常数据分析与派发。地市、区县公司可向本级相关专业进行工单转派。具备条件的单位，可按需实时发起自主稽查任务。

（1）工单承接单位接收工单后，通过系统数据分析、现场稽查或专业会商等方式确定异常属性。

（2）异常问题认定属实后，按照责任归属进行处理。

属于供电公司责任的，问题责任单位应按以下方式分类整改：①对于工单处理周期内可以完成整改的异常，各单位应及时整改；②对于工单处理周期内无法完成整改的异常，需说明原因，制订整改计划，在约定时间内完成整改；③对既成事实无法更正的差错，应查明原因，协同专业制定完善的防范措施；④对于符合白名单申请条件的，原则上应全量申请白名单，在线稽查白名单的管理遵循本办法有关规定。非供电公司责任的，问题所属单位应发起相应的业务流程，督促限期办结。

（3）工单承接单位应在工单处理周期内完成工单回复。总部派发工单原则上省公司应组织在 10 个工作日内完成处理和回复，省级派发工单原则上市公司应组织在 8 个工作日内完成处理和回复，地市级派发工单原则上区县公司应在 5 个工作日内完成处理和回复。

（4）工单派发单位应及时对回复工单进行审核、归档；对于问题整改中的工单，纳入闭环管控。总部工单由国网客户服务中心在下级单位回复后 2 个工作日内完成审核，逐级承接的单位在下级单位回复后 1 个工作日完成审核；省级工单由省营销服务中心在下级单位回复后 2 个工作日内完成审核，逐级承接的单位在下级单位回复后 1 个工作日完成审核；地市级工单由市公司营销部在下级单位回复后 2 个工作日内完成审核。

（5）总部开展的在线稽查由国网客户服务中心汇总处理结果，编制稽查报告并上报国网营销部审核，省级开展的在线稽查由省营销服务中心汇总处理结果，编制稽查报告并上报省公司营销部审核。

（6）总部、省公司对到期未处理、未反馈的工单进行督办。

2. 现场稽查

现场稽查主要对历年内外部巡视、巡察、审计及监督检查、12398 转办，以及在线稽查、专项稽查和工单质检中发现的存疑问题、供电服务和营销管理中存在的风险隐患等，开展现场复核和深入检查。

（1）各单位根据本单位管理需要，针对本单位及所属单位开展现场稽查。启动工作包括编制现场稽查方案，准备相关资料，下发现场稽查通知等。

营销现场稽查方案应包括稽查时间、稽查对象、稽查内容、稽查人员、责任分工和被稽查单位配合事项等。

对稽查存疑问题根据内容特征从营销稽查专家库中抽调人员现场复核，对重大管理漏洞和突出问题应指派专业，并组织专业和稽查人员联合开展现场检查。

（2）现场稽查人员按照现场稽查方案，通过系统核实、资料调阅、现场访谈或现场检查等方式开展现场核查，收集佐证材料，如实记录现场工作情况。

（3）被稽查单位应密切配合现场稽查工作，提供现场稽查所需的数据资料，如实反映情况，不得瞒报误报，不得消极处理，不得干扰稽查人员正常作业，并对稽查事实进行确认。

（4）现场稽查人员应按要求编制现场稽查报告，报告内容应包括基本情况、核查过程、存在问题及整改意见等。对重大事件应按照“一事一报”原则上报现场稽查结果，跟踪问题整改成效，对不符合整改要求的回退至被稽查单位继续整改。组织单位应根据现场稽查报告进行以下处理：

针对业务执行不到位的情况，向被稽查单位提出整改要求。对区域性突出问题及涉及重大风险问题以督查督办形式跟踪责任单位落实整改。

针对业务管理不规范、系统功能不完善的情况，向专业部门（处室）提出管理改进和系统完善建议。

（5）被稽查单位、专业部门（处室）应对现场稽查发现的问题按要求落实问题整改措施和责任考核。

（6）加强现场稽查工作人身安全风险防控。严格遵守公司安全工作规程，提前评估安全风险，制定并落实安全防控措施。

3. 专项稽查

专项稽查是对典型性、集中性的营销业务质量问题、阶段性管理需要、重点跟踪督办任务等，全方位、多维度挖掘突出问题，开展的线上线下一体化营销稽查。

（1）总部及各单位应根据管理需要，组织开展本级专项稽查工作，结合工作实际，下达专项稽查任务。稽查任务应明确稽查内容、工作方式、稽查要求、处理时限等。

（2）各单位稽查人员按照专项稽查任务要求，通过系统数据分析、现场检查或专业会商等方式开展核查，确认异常问题属性。

（3）专项核查完成后，应汇总形成专项稽查报告，对异常问题开展溯源分析和要因确认，多维度掌握问题规律特征，精准查找工作漏洞，督导责任单位落实整改。对存在区域性突出问题或涉及重大风险问题，以督查督办形式督促各责任单位落实整改；对系统功能不完善、业务管理不规范等问题，应向专业部门（处室）提出管理改进和系统完善建议。

（4）专项稽查应对成果进行总结和提炼，对评审验证有效的营销业务管控点，通过主题的方式进行固化，纳入在线稽查管理。

四、业务支持

业务支持包括系统功能运营管理、白名单管理、营销稽查工作成效管理、典型经验共享等。

（一）系统功能运营管理

系统功能运营管理指对营销稽查相关系统平台开展日常运营维护、升级需求收集、功能迭代完善等工作。

（二）白名单管理

白名单是指符合稽查主题规则的疑似异常数据，经过相关专业分析核查后判定为正常、无需整改，或政府要求等客观原因暂无法整改，并在一定周期内不列入稽查范围的对象清单。

1. 申请白名单

满足以下条件者，可以申请白名单：经现场核实无异常属于正常情况；问题已成事实无法整改或经专业审核认定属于合理的情况；非营销工作差错造成且无法在信息系统内完成整改的异常。

2. 白名单生效时长

白名单申请时应规范填写申请原因、冻结起止时间等，并上传相关佐证材料。申请理由应充分准确，冻结期限应合理。白名单冻结时间原则上最长不超过 6 个月。

白名单的预警时间为有效期到期前 15 个工作日，可以对 15 个工作日内即将到有效期的提交延期申请，并按要求提供相应的佐证材料，审批通过后延期生效。

白名单到期自动解冻并失效，各单位可根据需求重新申请白名单。对因实际情况发生变化，已不具备冻结条件的，申请单位应规范填写解冻原因，上传佐证材料，及时将其解冻，不必通过上级单位审核。

（三）营销稽查工作成效

营销稽查工作成效是指通过稽查发现营销业务管理不规范问题后，推动专业及时整改并规范管理产生的成效，主要分为风险防控成效和稽查经济成效 2 类。

（四）典型经验共享

典型经验共享是各单位定期对营销稽查监控工作进行总结提炼，形成营销稽查典型经验，纳入典型经验库，实行分类管理，可供下载学习和借鉴的稽查工作模。

第二节　营销业务风险数字化内控体系建设

一、工作思路

为贯彻落实公司“建设具有中国特色国际领先的能源互联网企业”战略目标，加快推动“一体四翼”发展布局落地实施，坚持问题导向，深化营销业务规范管理，将制度标准植入业务流程，实现数字化管控和质量评价，防范营销经营风险与服务风险，提升公司服务品质，推动营销高质量发展。

开展营销业务风险数字化内控体系建设是全面顺应数字化转型、提升营销服务品质的内在需求，是全面夯实营销基础、推动营销高质量发展的必要手段，是全面落实依法治企、防范营销重大风险的迫切需要。

聚集营销全业务、全流程、全环节风险点，建立健全涵盖“事前预警、事中管控、事后稽查”的营销业务风险数字化内控体系，强化信息化支撑，深化营销数字化转型，通过在营销 2.0 系统各业务环节内嵌校验规则、开展在途业务流程过程性预警防控以及结果性问题深度稽查，推进业务异常事前消缺、工作差错事中管控、业务质量事后把关，切实降低业务差错。完善分级预警、闭环管控、质量评价等工作机制，全面提升营销业务风险防控能力，推动公司经营效益和服务品质持续提升。

二、建设任务

（一）建立营销业务风险数字化内控体系

（1）强化事前嵌入式检验校正。针对基层重复发生的“习惯性违章”问题，梳理总结成熟有效的稽查校验规则，在营销 2.0 系统各业务环节，增加嵌入式校验规则，对工作人员业务操作结果进行实时校核，重点开展用户基础档案、设备参数、计量采集、电价策略等规范性、准确性验证。

（2）强化事中过程化预警防控。依托经过验证有效的营销稽查主题，整合电网结构、地理位置、运行设备、财务往来等数据，对在途业务流程进行合规性审查和预警性防控，重点对供电方案合理性、计量计费准确性、业务工单时效性等进行过程性管控。

（3）强化事后结果性深度稽查。深化大数据分析在业扩报装、电价执行、电费抄收、装表接电、采集运维、光伏电站（含集中式、分布式、户用）并网结算等领域稽查应用，进一步拓展稽查深度、广度和精度，重点稽查业务差错、质量事件和经济损失等结果性问题。

（二）强化营销业务风险数字化内控功能建设

（1）建立营销业务风险防控主题库。全面梳理客户诉求、综合监管、营销稽查、审计巡查等发现的历史敏感突出问题，明确 5 大领域 50 个营销业务重点风险防控方向。细化分解历史典型问题整改措施和专业管理意见，建立嵌入式校验规则库；结合历史典型问题特征，利用大数据建模技术，建立过程化预警防控主题库和结果性深度稽查主题库，配套建立对应知识库和典型案例库。

（2）完善营销 2.0 系统内嵌校验功能。针对易产生人为差错的流程环节，通过优化标准参数模板，减少无效参数选项，降低人为差错发生概率；通过增加内嵌校验规则，在各环节推进前强制校验该环节所涉客户基础档案信息的完整性和计费参数完整性、准确性，并通过设置页面强弱提醒功能，准确定位异常参数，提示业务操作人员核实修订，进一步减少人为差错。

（3）部署营销风险预警防控功能。针对方案制定、竣工校验与装表送电、归档审核等关键业务环节，在营销 2.0 系统稽查模块或营销稽查平台（含自建系统），并联部署预警防控稽查主题，对正在办理中的业务开展实时监测，并通过短信告知、在线提醒等预警方式，及时通知管理人员进行异常分析，告知现场业务人员进行问题整改，确保差错不传到下一环节，实现对营销业务风险的前置防范。

（4）提升数字稽查能力。基于营销业务中台，实施营销稽查平台云化改造，提升海量业务数据处理分析能力。融合贯通营销、财务、运检、调控、人资、物资等业务数据，进一步打破专业壁垒，丰富完善智慧稽查标签体系，提升稽查主题构建效率和分析深度，支撑基层单位开展自主稽查；应用人工智能技术，逐步实现稽查主题自助构建、任务自动派发、工单自主流转和结果智能审核，提升稽查质效。

（5）建设营销风险防控成效看板。根据营销业务风险防控工作内容及业务管控要求，组织制定预警成效、专业管理健康指数等风险防控成效关键指标及计算标准。

（三）健全营销业务风险数字化内控工作机制

（1）强化风险防控责任落实。全面压实营销各专业风险防控主体责任，做好建章立制、规则构建、政策解读和业务执行等工作，侧重业务过程管理，强化稽查成果应用、问题闭环整改和规章制度完善工作。

（2）建立风险分级预警防控机制。坚持“省级统一、地市区县公司为主、分层分区分级”原则，按照差错影响程度、范围，各省公司逐一对各预警防控主题设置分级预警策略。落实各层级责任部门及责任岗位，每日监控涉及的预警信息，分层分区分级发布预警信息。

（3）建立风险预警优化迭代机制。各级营销稽查机构应协同相关专业，定期分析本单位风险预警和在线稽查工单信息，滚动优化预警主题算法，动态调整预警阈值，提升预警的针对性和有效性。

（4）建立风险防控质量评价机制。按照“问题定性、责任定位”原则，聚合嵌入式校验触发信息、预警防控告警、在线稽查异常问题，探索构建营销业务健康指数算法，分层级、分单位、分专业、分人员开展工作质量量化评价和多维画像。因地制宜建立营销业务质量问题考核办法，推动将风险防控结果与绩效管理挂钩。

三、主要方法

（一）事前校验

（1）字段校验。根据营销业务相关制度、规程、标准，梳理客户关键信息（用电类别、电压等级、运行容量、行业分类等）关联关系，形成前置字段清单，在营销 2.0 系统流程部署内嵌校验，在信息录入界面，通过即时校验实现字段自动关联、选项智能限定，减少误操作。

（2）环节校验。在业务环节保存或发送按键部署校验算法，对环节内各字段之间关联关系和限定关系进行自动实时校核，设置弹窗，对可弹性处理业务进行提示校验，提示工作人员立即核验；对应刚性执行业务采取强制校验，全量拦截违规操作。

（二）事中预警

（1）流程时限预警防控。针对各类业务，分级设置时限阈值，自动捕捉关键节点、计算在途时长。触发阈值后，根据剩余时长分段提醒，对剩余时长 1 天以上的按日推送、1 天以内按小时推送、抢修等紧急工单按分钟推送，根据超时风险程度依次向班员—班长—专责—分管负责人—主要负责人发布预警，或根据预警业务的重要性制定分级分层预警策略，实现时限全程在控。

（2）业务规范预警防控。基于业务规则和易错案例，形成数据综合比对规则，在业务流程中，提取前置环节、关联流程、重要字段等相关信息，进行差错审查，捕捉逻辑矛盾，实现系统逻辑判断、关联分析、批量核查功能，对流程中发现的问题向具体操作人员推送即时预警，其他问题向相关业务或稽查人员推送日预警。

（3）现场质量预警防控。以移动作业和现场感知设备为载体，记录存储现场作业的录像、图片等行为信息和流程工单等业务信息。通过信息上送、后台归集、逻辑判断以及人工核查，实现穿透管控，及时发现现场作业安全性、真实性、规范性问题，实时向管理人员推送预警。

（三）事后稽查

（1）在线稽查。依托营销稽查平台，面向营销全业务管理和执行中的风险点形成综合性主题规则，根据不同风险类型，按不同周期筛查疑似异常数据，常态开展稽查。尝试部署应用机器人流程自动化（RPA），推动异常筛查周期由月向日压缩，异常工单自动派发流转。

（2）专项稽查。围绕重大政策落实、重点督办任务、重要管理措施及典型热点问题，就某一专业或某一主题对全部或部分基层单位开展线上线下一体化稽查，对疑难问题组织相关专业开展联防联治。

（3）现场稽查。基于总部—省—市—县四级稽查管理人员和柔性稽查队伍，提前收集各渠道反映的问题线索，通过暗访检查、资料核查、座谈交流等方式，有计划、有周期地对基层单位开展综合性现场稽查，或针对临时、突发、重大具体问题线索开展飞行检查。

四、工作机制

（一）主题分级管理

建立主题规则分级管理机制，按重要性等级由低到高分设五级主题。一级主题为公司总部统一部署的管控主题；二级主题为省公司统一部署，对列入当年度业绩考核、同业对标等关键指标和重点工作任务部署防控主题，同时，对内外部巡视审计、监督检查发现问题建立防控主题；三级主题为省公司统一部署的其他防控主题；四级主题为各省公司选择设置，地市公司自行管控的主题；五级主题为各地市公司选择设置，区县公司自行管控的主题。

（二）主题分层管控

建立主题规则分层管控机制，国网营销部和国网客服中心负责管控一级主题；省公司营销部和省营销服务中心负责管控二级、三级主题；地市、区县公司负责管控四级、五级主题。其中，事中预警根据处理时限需求，灵活配置预警管控阈值，采取实时监控、分级推送模式，通过系统信息推送或邮件、短信等方式提醒各级人员及时处理。国网客服中心根据实际需要设置一级主题预警，并下发督办单至省公司营销部或省营销服务中心；省公司营销部或省营销服务中心对二级、三级主题预警下发督办单至地市公司营销部主任、专业管理人员；地市、区县公司对四级、五级主题预警下发督办单至责任单位分管负责人。被督办单位对能够整改的问题立即整改、消除预警；对无法整改的问题分析原因并提供佐证材料，在规定时限内反馈，经逐级审核后闭环。

（三）主题迭代优化

建立主题常态运行及动态迭代更新机制，结合内外部监管、审计、巡视巡查及业务政策变化情况，定期收集各层级反馈建议，组织稽查、业务专家商讨确定主题调整计划，及时部署上线新增主题，调整或停用不适用于现行业务或成效不佳的主题。

（四）考核评价

按照“问题定性、责任定位”原则，利用大数据分析技术，聚合内嵌校验触发信息、预警防控告警、事后稽查异常问题，构建营销业务健康指数算法，分层、分级、分专业、分人员开展工作质量量化评价和多维画像；合理设置预警管控有效性评价指标，科学评价所属单位预警防控及稽查整改工作质量，将重复预警、预警升级、经预警仍产生事后稽查问题、稽查整改不到位等纳入评价体系，并建立工作通报机制。同时，按照时间趋势、单位个人、专业主题等多个维度，对预警未处理或处理不到位转化为事后问题的开展分析，追溯业务环节、责任单位及个人。各省公司负责明确本省对业务质量、工作差错的“问题定性、责任定位”分类，地市、区县公司根据具体岗位设置、人员薪酬水平，因地制宜制定考核标准，并落实到人。

五、防控要点

（一）业扩报装方面

1. 流程时限类

（1）事前校验。在现场勘查、中间检查、装表接电等现场环节提交时设置阈值进行环节校验，提示超短异常；在新装、增容流程受理界面提交时进行环节校验，提示终止后重启业务。

（2）事中预警。对业务受理、供电方案答复至竣工报验、设计文件审查至中间检查受理、中间检查至竣工报验、竣工验收、装表接电、配套工程施工以及接电时长、在途业务时长设置阈值进行流程时限预警。

（3）事后稽查。对业扩环节时序倒置、业扩超时投诉、回访存在偏差、送电时间与采集首次示数时间不一致等进行稽查。

2. 费用收取类

（1）事前校验。在高、低压新装及变更业务流程确定费用环节，对费用类型进行字段校验，不允许收取规定外费用。在高、低压新装、增容业务流程确定费用环节提交时对高可靠性供电费收费标准进行环节校验。低压新装、增容业务流程勘查确定方案环节提交时对“是否有配套工程”或“是否小微企业”进行环节校验。

（2）事后稽查。对不合理业务收费、未按要求延伸电网投资界面、违规对不符合条件的客户延伸投资、分界点设置不合理导致客户多投资、自备电厂备用容量费应收未收、临时接电费未清退等进行稽查。

3. 供电方案类（事前校验）

（1）计费策略。在高、低压新装及变更业务流程勘查确定方案环节对功率因数考核方式、考核标准进行字段校验，根据客户用电类别、运行容量限定可选项；对定价策略（两部制、单一制）、基本电费计算方式进行字段校验，根据客户用电类别、行业分类、运行容量限定可选项；对变损编号进行字段校验，根据变压器容量、型号、一次侧电压限定可选项；对电价进行字段校验，根据用电类别、行业分类、电压等级、运行容量限定可选项。

（2）计量点策略。在高、低压新装及变更业务流程勘查确定方案环节，对计量点信息中的接线方式进行字段校验，根据计量方式限定可选项；对计量点电压等级进行字段校验，根据客户分类、客户电压等级限定可选项；对计量方式进行字段校验，根据计量点电压等级限定可选项；对电能表接线方式、电压等级进行字段校验，根据计量点电压等级限定可选项；对计量点接线方式进行字段校验，根据计量点电压等级限定可选项；对低压客户计量点、变压器所属台区进行字段校验，根据电源所属台区限定可选项；对计量点主用途类型进行字段校验，根据计量点分类、计量点性质、计量点电压等级限定可选项。

（3）资产配置策略。在高、低压新装及变更业务流程勘查确定方案环节，对表计电压进行字段校验，根据计量点电压限定可选项。

（4）供电方案合理性。在高压新装、增容业务流程勘查确定方案环节提交时进行环节校验，对电压等级、计量方式与合同容量不匹配的予以提示。

（5）电价执行合规性。在高、低压新装及变更业务流程勘查确定方案环节进行环节校验，对客户用电类别和行业分类不匹配，电价类别与用电类别、行业分类不匹配，行业分类与高耗能行业类别不匹配，行业分类与分时电价执行标志不匹配，基本电费计算方式与电价类别不匹配，需量核定值与运行容量不匹配，变损计费标志、分摊标志、变损算法、变损编号与计量点计量方式不匹配等予以提示。

（6）计量点设置合理性。在高、低压新装及变更业务流程勘查确定方案环节进行环节校验，对电流、电压互感器配置数量与电压等级不匹配，计量点计量装置分类与计量点接线方式、电压等级不匹配，电源类别（专线、专用变压器、公用变压器、共同使用专用变压器）与电压等级不匹配，电能表示数类型与计量点执行电价、基本电费计算方式不匹配，表计数量与对应计量点计算方式（实抄、定比、定量）不匹配，电能表倍率与电压电流互感器变比不匹配，电压电流互感器准确度等级高于计量规程最低要求，计量点状态与是否关联电价不匹配等予以提示。

（7）客户信息合理性。在高、低压新装及变更业务流程业务受理环节进行环节校验，对联系方式等客户基本信息缺失或异常、城乡类别为空的客户予以提示；在制定方案环节进行环节校验，对行业分类与用电类别不匹配，发票类型为增值税发票的客户增值税信息缺失或错误，客户运行容量与运行变压器和高压电动机容量之和不一致等予以提示；对用户联系方式错漏情况的提示（手机号少位数、空号等）。

4. 资料档案类

（1）事前校验。在高、低压新装业务流程业务受理环节提交时，对客户资料信息进行环节校验，对收取用电主体资格证明、用电地址权属证明、项目立项批复文件之外的资料予以提示；在高、低压增容业务流程业务受理环节提交时，对客户资料信息进行环节校验，对客户重复提供尚在有效期内的资料予以提示。

（2）事后稽查。对收取规定外的客户资料、重复收取客户有效资料、违规增加客户竣工验收申请资料、已收取资料的完整性和规范性进行稽查。

5. 流程环节类

（1）事前校验。在高压新装、增容业务流程制定方案环节提交时进行环节校验，非重要电力客户自动跳过设计审查、中间检查环节；在低压客户新装、增容业务流程制定方案环节提交时进行环节校验。

（2）事后稽查。对非重要电力客户办电规范性、低压客户办电规范性、违规扩大竣工检验项目范围、违规提高竣工检验标准、供电方案答复过程中额外增设不合理环节进行稽查。

6. 受理准入类

（1）事前校验。在高压新装业务流程受理环节提交时进行环节校验，对合同容量属于低压接入范围但采用高压接入，存在相同户名、相同地址的已归档客户予以提示；在变更类业务流程受理环节选择户号时进行环节校验，对欠费、信用等级较低的客户予以提示，对有在途窃电流程或同类型在途业务的客户限制发起流程。

（2）事后稽查。对 160kW 及以下的小微企业高压接入、合同容量与受电电压等级不匹配、10kV 及以上高压客户未就近接入等进行稽查。

7. 信息公开类

事后稽查。对未按要求及时公开当月代理工商业用户购电价格，不能通过网上国网、营业厅等渠道查询设计、施工单位资质，未通过对外网站、营业厅等渠道公布本地区配电网接入能力和容量受限情况、供电质量和“两率”情况等进行稽查。

8. 合规经营类

事后稽查。对关联企业设计、施工、设备材料供应占比过高，口头、书面或公示不全影响客户知情权，关联企业违法转包、分包客户受电工程，关联企业擅自提高设计标准，擅自抬高工程造价，首付款比例过高等情况进行稽查。

9. 合同管理类

（1）事前校验。在合同起草环节对合同类型进行字段校验，按客户分类、是否临时用电限定可选项；在合同签订环节提交时进行环节校验，将合同有效期设置为必填项，对高压供用电合同有效日期大于 60 个月、低压供用电合同有效期大于 120 个月、临时供用电合同有效期大于 36 个月的予以提示。

（2）事中预警。对供用电合同即将到期情况开展预警。

（3）事后稽查。对高压客户无供用电合同信息、客户有多个有效供用电合同、合同签订规范性进行稽查。

（二）电费电价方面

1. 电价执行类

（1）事中预警。对客户档案中用电类别、运行容量与功率因数考核方式、考核标准不匹配，用电类别、运行容量与定价策略（两部制、单一制）、基本电费计算方式、需量核定值不匹配，变损编号与变压器容量、型号、一次侧电压不匹配，定比定量值设置、变损计费标志、分摊标志、变损算法、变损编号与计量点计量方式不匹配予以提示；对客户行业分类与电价执行不匹配、客户电源点运行方式与需量值是否叠加不匹配进行预警。

（2）事后稽查。对电价政策变更执行不到位，结算时购电价格按当地分时电价峰谷时段及浮动比例执行的正确性，行业分类选择的止确性，优惠电价执行异常进行稽查。

2. 抄表管理类

（1）事前校验。在抄表流程指数录入（修改）环节，对上期示数、本期示数与表位数长度进行字段校验；在抄表包维护流程申请环节进行环节校验，对抄表类参数设置有误、考核（关口）表电量为 0、多期手工抄表、抄表包已注销但存在正常电量的客户予以提示；在客户调整抄表包流程申请环节进行环节校验，对目标抄表包出账年月小于原抄表包出账年月予以提示。

（2）事中预警。在抄核流程创建抄表计划申请环节进行业务规范预警，对创建隔月抄表计划的予以提示；对电量突增突减、分时电量之和与总电量不符、新装客户未及时分配抄表包进行业务规范预警。

（3）事后稽查。对抄表例日异常、抄表不规范、采集示数异常、抄表异常未处理、拆表冲突、拆表指数准确性等进行稽查。

3. 电费核算类

（1）事中预警。在抄核流程核算环节，对抄表异常、拆换表异常，基本电费、变线损计算、主分表扣减顺序、电量突增突减、不同客户分类电量大于阈值、阶梯电量计算错误、计费电量逻辑错误，电价执行错误、计费参数信息异常、示数类型错误，超容、减容当月到期未办理恢复、电费退补处理不规范、电费发行不及时、退补异常、市场交易改为电网企业代理购电的客户未按 1.5 倍执行、阶段性优惠电价或特殊电价执行错误进行业务规范预警。

（2）事后稽查。对未定期开展周期核抄、未严格执行退补审批、违约金减免异常进行稽查。

4. 电费账务类

（1）事中预警。对系统权限设置、电费违约金减免、电费预收互转管理不合规、销户客户余额未清退、预存异常、在途资金超长进行业务规范预警。

（2）事后稽查。对呆坏账核销、代收手续费管理不合规、电费虚假实收、电费虚拟户异动、购电制规范性、不明账款管理、解款、冲正、调账、退费管理不规范等进行稽查。

5. 电费催交类

（1）事前校验。在催费短信发送环节进行环节校验，对频繁向客户发送催费短信、节假日期间向代扣（托收）客户发送催费短信予以提示；在远程费控协议签订环节进行环节校验，对代扣客户予以提示。

（2）事中预警。对欠费停复电流程权限未分离、停电客户实际不欠费进行业务规范预警。

（3）事后稽查。对停复电、陈欠电费管理规范性、垫付电费等进行稽查。

6. 收费管理类

（1）事中预警。对即将超期的解款业务进行流程时限预警。

（2）事后稽查。对电费走收、营业厅电费现金、充值卡管理不规范、频繁冲正、实收差错处理、A 销 B 账等进行稽查。

7. 票据管理类

（1）事中预警。对客户分类与发票类型不匹配进行业务规范预警。

（2）事后稽查。对发票管理规范性、增值税发票虚开、增值税客户未纳入专票管理、承兑汇票异常等进行稽查。

（三）计量采集方面

1. 资产管理类

（1）事前校验。对智能表、互感器设备按照型号、规格、等级、条形码等关联信息进行字段校验，在业扩报装、业务变更及计量装置故障流程的计量点方案、计量配置信息、示数信息等进行环节校验；在采集终端新装、变更、拆除流程对采集终端状态变更与 SIM 卡状态变更不匹配的进行环节校验。

（2）事中预警。对电能表配送超期、电能表库存超期、互感器库存超期、电能表未分拣超期、电能表拆回超期、电能表预领超期、电能表运行超期、SIM 卡流量异常（长期零流量、超流量）等设定阈值进行业务规范预警。

（3）事后稽查。对频繁换表、互感器变比不合规、周转柜非正常出库、资产丢失（失窃）、资产状态异动、账实不符、用户识别卡（SIM 卡）绑定与解绑不规范等进行稽查。

2. 线损治理类

（1）事中预警。对采集系统在运台区模型中对应责任人为空、责任人对应台区数过多、营销系统台区（变压器）与新一代设备资产精益管理系统（PMS 系统）变压器运行状态或容量不一致、线损异常天数超阈值、线损波动异常、台区与集中器对应异常、三相不平衡、低压超容用电、自用电户数或电量异常进行业务规范预警。

（2）事后稽查。对非运行台区下有正常发行电费客户，非运行台区存在供（售）电量，台区无总表，综合倍率与互感器倍率不符，总表失压、失流，单月内修改台区（或调整抄表包）次数过多，“挂表养表”，光伏计量异常等进行稽查。

3. 采集运维类

（1）事中预警。试点应用智能应用程序将现场装拆表、采集运维及线损治理过程线上化，对定位异常、处理时限、处理成功率等运维质量进行现场质量预警；对采集未接入、连续采集失败等进行业务规范预警。

（2）事后稽查。对电能表综合倍率异常、营采倍率不一致、表计时钟异常（重点对需求响应、市场化或现货交易客户）、电压电流越限、失压断流、反向电流、零序电流、功率因数异常、电能表示值停走、采集终端异常、采集故障处理不规范、专线客户电量异常等进行稽查。

4. 计量装置类

（1）事中预警。对计量装置首检、周检等临期进行时限预警；对表计电池欠压、开盖记录异常（多次、超短）、计量失准进行业务规范预警。

（2）事后稽查。对表计指数飞走、时钟超差、四费率不平、费率设置异常、非标互感器，以及计量装置配置不合理、安装及故障处理不规范等进行稽查。

5. 计量体系类

（1）事前校验。对各类计量标准装置规格等级、校验人员取证等信息进行字段校验；根据检定检测结果对证书上传、电量退补、退库信息等进行环节校验。

（2）事中预警。对计量标准设备、标准装置、计量授权考核等临期，以及客户申校业务流程进行时限预警；对全性能试验、抽样检测、全检验收、运行抽检、失准检测等环节发生的问题进行业务规范预警。

（3）事后稽查。对计量授权超期、计量标准及装置超期、申校流程超期、检验检测不及时、失准检测工单处理不及时、检定人员资质不符、检定结果上传不正确等进行稽查。

（四）用电检查方面

1. 用电检查类

（1）事前校验。在流程操作环节设置阈值进行环节校验，对附件未规范采集或上传等予以提示。

（2）事中预警。对周期检查临期、定比定量检查临期、暂停临期等进行业务规范预警。

（3）事后稽查。对重要电力客户名单认定合理性、电源配置和自备电源配置合规性、书面通知客户是否到位、向政府部门书面报告是否到位、保供电专项检查、周期检查、临时用电核查、定比定量核查规范性等进行稽查。

2. 反窃查违类

（1）事前校验。在窃电、违约用电处理流程中，对违约使用电费收取金额（倍数）进行字段校验；对查处分离规范性开展环节校验。

（2）事中预警。对反窃电平台异常数据超期未处理，窃电及违约用电处理流程时限过长，重载、连续或合计超容天数超阈值，多次窃电或违约用电进行业务规范预警。

（3）事后稽查。对终止窃电及违约用电处理流程、违约使用电费收取异常、举报工单回复真实性、举报奖励兑现规范性等进行稽查。

3. 服务行为类

（1）事中预警。对客户诉求约时处理超期情况，以及故障抢修时间超长、表计申验响应不及时等情况进行时限预警；对迎峰度夏、度冬及自然灾害等时段主动服务措施落实情况进行业务规范预警。

（2）事后稽查。对服务规范落实不到位（一次性告知、首问负责制、一次都不跑、“两个十条”等）、推诿搪塞、以电谋私等进行现场和专项稽查；对客户经理、抢修人员、装表人员等现场服务行为规范和服务态度进行现场稽查。

（五）营销项目方面

1. 合同风险类

（1）事中预警。在合同流转环节对合同模板不正确、合同流转即将超期等情况进行预警。

（2）事后稽查。对合同签订不及时、签订单位与中标不一致、合同签订背离招标文件等进行稽查。

2. 物资管理类

（1）事中预警。在项目执行过程中，对物资结算数量将超可行性研究（简称可研）数量进行预警。

（2）事后稽查。对甲供物资擅自转为乙供、领料退料情况与实际使用情况不对应、废旧物资回收与处理数量不对应情况进行稽查。

3. 验收结算类

事后稽查。对结算单价无支撑依据、结算工程量无支撑依据、结算定额套取错误、结算不及时、未按合同约定支付进度款、合同中的质量 / 进度考核条款未按照约定执行、审价（计）核查未开展或开展不到位等情况进行稽查。

4. 档案资料类

（1）事前校验。在储备项目系统提报需求时，对项目必要性、类型、金额等关键要素进行校验。

（2）事后稽查。对项目归档资料的完整性、各环节资料的逻辑规范性进行稽查。

（六）新型业务方面

1. 电能替代类

（1）事前校验。对非装表计量电能替代项目的年利用小时数、折算系数等参数开展字段校验，对不符合逻辑规则的给予提示并严禁录入；在高、低压新装及变更业务流程勘查确定方案环节进行环节校验；对执行电锅炉冰蓄冷电价与客户合同容量不匹配、计量点计算方式非实抄、表计示数类型缺失予以提示；对非统计范围内的电能替代项目[轨道交通、电动空气压缩机、采矿电铲、电动制氧机、电（蓄）冷空调和已基本实现全覆盖的机场辅助动力单元（APU）、家庭电气化]予以提示并严禁录入。

（2）事后稽查。对电能替代项目规范性、电量计算准确性和真实性，电采暖及电锅炉冰蓄冷等优惠电价执行规范性、年替代电量与当地电量增长不匹配等进行稽查。

2. 充换电服务类

（1）事前校验。在高、低压新装及变更业务流程勘查确定方案环节进行环节校验，对充电桩电价与客户合同容量、行业分类、扩展属性、表计示数类型不匹配予以提示。

（2）事中预警。对95598工单和车联网平台派发的故障抢修工单处理及时性进行流程时限预警。

（3）事后稽查。对电动汽车充电桩电价执行及电量异常、电动汽车充电站项目施工安全质量管理不到位、项目验收未按照相关规定执行、运行监控管理不到位、工单处理不及时、现场运维不规范、备品备件供应不及时等进行稽查。

3. 分布式电源类

（1）事前校验。在分布式电源新装流程制定接入方案环节进行环节校验，对计量点主用途类型与计量点分类、发电量消纳方式、执行电价不匹配，计量点分类、主用途类型与表计配置、示数类型不匹配，上网电价、发电补贴与客户类别、备案时间、并网时间不匹配，计量点未关联台区等予以提示。

（2）事中预警。对发电客户并网时长超长，长期未抄表、零电量、未结算，有发电量无发行电费、综合倍率错误、项目运营模式选择错误、光伏客户增减容不规范等进行预警。

（3）事后稽查。对发电量或上网电量异常、全额上网反向电量异常、发电超容、分布式电源并网时长超短等进行稽查。

4. 光伏扶贫类

（1）事前校验。在光伏扶贫业务变更（更名、过户、迁址等）流程制定方案环节进行校验，对需要地方发展和改革委员会、乡村振兴局明确重新备案后执行的上网电价事宜予以提示；在维护光伏扶贫标识时，对未上传国家出台的扶贫目录文件等佐证材料予以提示。

（2）事中预警。对2021年及之后光伏新装业务中有光伏扶贫类型进行业务规范预警。

（3）事后稽查。对光伏扶贫客户发电量异常（包括少发、超发）、上网电量大于发电量、全额上网反向电量异常等进行稽查。

5. 有序用电类

（1）事前校验。在有序用电方案编制环节提交时进行校验，对客户参与调控负荷不小于上一年度电网峰值最大负荷或合同容量、有序用电方案内客户近一个月发生业务变更（增容、减容、暂停、销户等）、疑似“六保”客户（客户名含医院、学校、供水、供气、供热、光伏、化肥等）参与调控、高耗能等重点限制客户未纳入有序用电或轮停方案予以提示。

（2）事中预警。对有序用电方案中可调控负荷总量低于上级下达指标、参与有序用电客户采集失败、客户或地区负荷调控执行不到位进行业务规范预警。

（3）事后稽查。对客户侧“四定”措施未落实到位、未签订有序用电责任书、负荷监测和控制未达要求，对客户实施、变更、取消有序用电措施前未履行告知义务并保留工作痕迹等进行稽查。

6. 需求响应类

（1）事前校验。在客户需求响应申报环节进行环节校验，对需求响应能力与客户运行容量、本年度最大负荷不匹配予以提示。

（2）事中预警。对执行季节性尖峰电价（因地制宜）和需求响应补偿电价的工商业客户采集数据完整性、手工抄表准确性、电费计算及时性、退补电费计算准确性，客户执行需求响应时长、响应负荷未达标，客户侧终端装置离线等故障，客户月度平均负荷小于申报备用容量进行业务规范预警。

（3）事后稽查。对系统尖峰电价（电费）执行（因地制宜）或收取规范性、补贴电价（电费）执行或兑现规范性，可调节负荷资源普查信息不完整、客户信息不准确、协议签约不规范、需求响应终端工程实施质量管控不到位、需求响应实施管理不到位、补贴计算发放管理不到位等进行稽查。

7. 市场化交易类

（1）事中预警。对市场化、代购电客户抄表异常、装拆表示数异常、退补和修正电量、偏差电费计算准确性进行业务规范预警；对因市场化交易客户抄表例日调整可能出现的电量偏差进行业务规范预警；对用电类别、行业分类与市场化交易属性不匹配、市场交易改为代理购电的客户在电费核算环节进行预警。

（2）事后稽查。对市场化交易客户准入合规性、售电或代购电合同规范性、市场化客户执行套餐价格与合同签订套餐价格一致性以及行业分类认定、代购电客户电费结算准确性等进行稽查。

六、成效认定

（一）风险防控成效

风险防控成效是依托营销业务风险数字化内控体系，通过在营销 2.0 系统各业务环节内嵌校验规则、在营销稽查平台或营销 2.0 系统稽查模块并联部署预警防控主题，对工作人员业务执行过程进行实时校核、预警，及时防范“习惯性”违章或人为差错所产生的成效。按照不同类型风险防控规则触发数量及修正或整改数量，分为以下两个方面：

（1）事前校验成效。依托营销 2.0 系统（营销 2.0 系统）业务流程内嵌字段校验和环节校验规则，对工作人员业务操作结果进行实时校核，重点对客户基础档案、设备参数、计量采集、电价策略等完整性、规范性、准确性进行校验，相应的校验次数和有效异常拦截次数纳入校验成效。其中，校验次数为通过校验规则弹出校验提醒的次数；有效异常拦截次数为经校验提醒后修正操作结果的次数。

（2）事中预警成效。依托营销稽查平台或营销 2.0 系统稽查模块并联部署的预警防控规则，对在途业务流程和工作任务进行实时性监测和预警性防控，重点对供电方案合理性、计量计费准确性、业务工单时效性等进行过程管控、智慧提醒，在差错发生或客户感知前，协助专业及时发现业务风险，相应的预警次数和有效预警次数纳入预警成效。其中，预警次数为通过预警规则弹出预警提醒的次数；有效预警次数为经预警提醒后完成整改的次数。

（二）稽查经济成效

稽查经济成效是指通过稽查发现业务管理不规范，在问题整改过程中发生的实质性费用退补，且已发起退补流程并归档的资金，按追收和追退两类分别统计，绝对值之和作为经济成效总金额。其中，追补流程的发起时间应晚于对应的稽查工单派发时间；因专业管理、政策性原因、电费特殊算法等必然产生的费用退补，不纳入经济成效统计。其他渠道产生的经济成效无法通过退补流程进行退补的，经审核后可纳入经济成效统计。2022 年营销稽查经济成效目标值只下达追补金额。稽查经济成效涵盖以下 9 个方面。

（1）电价执行方面。经稽查发现的因分时电价执行差错、两部制电价执行差错、力率执行差错、变损执行错误、定价策略错误、定比定量执行差错、优惠电价执行错误等导致的电价执行错误，发生实质性费用退补且已发起退补流程并归档后，相应资金认定为实质性经济成效。

（2）电费收取方面。经稽查发现的通过“电费虚拟户”存放不明账款、力调电费计算差错、双电源客户最大需量计算差错等问题，发生实质性费用退补且已发起退补流程并归档后，相应资金认定为实质性经济成效。

（3）抄表管理方面。经稽查发现的人为更改用电采集系统供售电量、停运抄表包内客户采集异常等导致的电费错、漏收，发生实质性费用退补且已发起退补流程并归档后，相应资金认定为实质性经济成效。

（4）业扩报装方面。经稽查发现的因变压器暂停或减容到期未恢复、双电源客户备用电源现场与系统状态不一致、业扩流程“体外循环”“一址多户”等导致的错计基本电费、变损电费、力调电费等资金，发生实质性费用退补且已发起退补流程并归档后，相应资金认定为实质性经济成效。

（5）计量管理方面。经稽查发现的因系统综合倍率与现场不一致、计量装置故障、表计错接线、表计拆表底码录入错误等导致的计量差错，发生实质性费用退补且已发起退补流程并归档后，相应资金认定为实质性经济成效。

（6）业务费收取方面。经稽查发现的“一址多户”规避高可靠性供电费、高可靠性供电费应收未收或收取标准错误、违规收取其他业务费等问题，发生实质性费用退补且已发起退补流程并归档后，相应资金认定为实质性经济成效。

（7）违约用电方面。经稽查或其他方式发现的超容量用电、私增容量、私自启动封停变压器、违约转供电等违约用电行为，查处的电费及违约使用电费，在发起违约用电处理和电费退补流程并归档后，相应资金认定为实质性经济成效。

（8）违窃查处规范性方面。经稽查发现的处理违约用电及窃电流程不规范，导致电量追补、罚金追缴不准确等情况，发生实质性费用退补且已发起退补流程并归档后，相应资金认定为实质性经济成效。

（9）其他方面。经稽查发现的营销其他业务管理不规范，存在实质性费用退补，经审核后相应资金认定为实质性经济成效。

（三）负面清单

营销稽查经济成效认定负面清单见表 2-1。

表 2-1　营销稽查经济成效认定负面清单

序号	成效分类	需剔除计算的经济成效
1	电价执行方面	（1）因代理购电等政策原因发生电价变更造成的电费退补。 （2）因业扩变更流程归档后当月或次月产生的电费退补。 （3）按需量计算基本电费的自备电厂产生的系统备用费退补。 （4）多路同供、按需量计收基本电费的客户，因线路负荷切换造成基本电费错收后产生的退费。 （5）按需量计收基本电费的双电源客户，因线路检修、恶劣天气、自然灾害等需要征用备用电源，造成基本电费错收后产生的退费
2	电费收取方面	（1）预收电费转营业外收入产生的电费退费。 （2）销户客户产生的电费退费。 （3）客户错交电费产生的电费退费。 （4）客户间预收电费结转产生的费用退补。 （5）社会救助对象等按政策及管理要求产生的电费退费。 （6）客户电费冻结金额解冻。 （7）本地费控客户卡表余额和系统余额校核产生的退补。 （8）因需求响应、削峰填谷、电能替代等其他政策原因发生的电费退补

续表

序号	成效分类	需剔除计算的经济成效
3	抄表管理方面	（1）分次结算客户，发行错误后，当月更正差错电量或次月合并发行产生电费退补。 （2）未按抄表例日发行电费，当月或次月更正后重新发行或发生的电费退补。 （3）关口电能计量装置等管理权限不在属地供电公司，无法自动采集电量，通过追补工单按月补收的电费
4	业扩报装方面	专业管理必然产生的费用退补
5	计量管理方面	（1）暂停或减容期间电能表潜动、变压器空载等错计电量造成的电费退补。 （2）电能计量装置接线“串户”造成的电费退补
6	业务费收取方面	（1）电费账户余额结转业务费造成的费用退补。 （2）客户与供电公司约定延迟或分期交纳业务费造成的费用追补。 （3）因所属单位专业管理要求，需在业扩报装流程外重新发起业务费收取流程产生的费用追补
7	违约用电方面	同一客户当年多次违约处罚的情况
8	违窃处理规范性方面	查处窃电案件产生的电费和违约金追补
9	其他方面	—

第三节　稽查作业指导

一、营业业扩稽查

（一）业务受理

1.“一口对外”“首问负责制”“一证受理”“一次性告知”“同城受理”等未落实

【核查规则】

业务受理是否实行“一口对外”“首问负责制”“一证受理”“一次性告知”“同城受理”。

【核查方法】

（1）调阅漠视侵害群众利益问题清单，国家能源局专项监管问题，巡视转办投诉举报事件，近6个月的95598投诉工单，业扩回访中涉及时间偏差、不满意的工单，

12398 工单等资料，分析核查问题线索。

（2）根据梳理的问题线索，开展客户电话回访、现场走访，了解客户办电体验，重点询问：业务受理时是否一次性告知客户业务办理流程、申请所需资料清单、收费项目与标准以及相关注意事项等信息；是否存在违反业务办理告知要求，造成客户重复往返情况；是否擅自增加申请所需资料。对电话回访及拒绝现场走访的客户，也可通过微信（短信）等方式收集资料。

（3）根据问题线索，对问题较为集中的区域，通过供电营业厅、网上国网 App 等渠道开展模拟报装，核查业务受理是否实现“一口对外”“首问负责制”“一证受理”“一次性告知”“同城受理”。

【政策依据】

内部制度依据：《国家电网公司业扩报装管理规则》（国家电网企管〔2019〕431 号）；《供电服务标准》（Q/GDW 10403—2021）。

2. 办电便利化措施落实不到位

【核查规则】

（1）容缺“一证受理”。居民客户提供身份证、政企客户提供营业执照（或组织机构代码证）并签订承诺书即受理用电业务。其余资料由客户经理现场服务时上门收集或提供免费寄递服务。如现场服务时仍无法提供，客户经理有义务在规定时间节点内予以提醒。

（2）信息共享应用。居民“刷脸办”：居民办理用电业务，未携带身份证时，业务人员应主动通过授权和刷脸功能，从政务服务平台调取客户相关联的身份证、房产证、低保证等信息（按各省情况而定）；企业“一证办”：企业客户办理用电业务，仅需提供营业执照（组织机构代码证），通过营业执照代码调用不动产、项目规划、核准、政府相关规定等信息。客户办理业务时，应主动应用居民“刷脸办”、企业“一证办”功能。（注：通过政务信息共享无法调用不动产等政务信息的，仍需客户自行提供，按“一证受理”要求办理，由工作人员在现场勘查时上门收资）。

（3）居民、企业等用户线上通过“网上国网”App 点击“水电网（气暖）联办业务”（根据省份、城市开通情况），按照相关流程申请办理。

（4）“网上国网”App 等互联网渠道功能是否支持便利办电。

【核查方法】

每个受检单位检查不少于 1 个营业厅、1 个行政服务中心办理网点。检查前结合检查内容和业务要求，做好模拟策划。向营业厅人员咨询用电报装业务，检查是否实现“刷脸办”“一证办”“水电网（气暖）联办”功能。检查“网上国网”App 等互联网渠道功能，模拟操作，测试是否实现在线提交用电申请和竣工报验、在线确认供电方案和验收结果、在线查询服务进程和评价服务质量等功能。

【政策依据】

外部政策依据：《国家发展改革委国家能源局关于全面提升“获得电力”服务水平持续优化用电营商环境的意见》（发改能源规〔2020〕1479 号）。

3. 未主动公开设计、施工、试验单位资质查询方式

【核查规则】

营业场所、“网上国网”App 等互联网渠道主动公开设计、施工、试验单位资质查询方式。

【核查方法】

每个受检单位检查不少于 1 个营业厅。检查前结合检查内容和业务要求，做好模拟策划。向营业厅人员咨询用电报装业务，检查是否主动公开设计、施工、试验单位资质查询方式。

【政策依据】

内部制度依据：《国家电网有限公司关于印发“阳光业扩”服务工作方案的通知》（国家电网办〔2020〕28 号）。

4. 未公开电价、收费项目及标准、服务规范等公示类信息

【核查规则】

营业场所、网上国网 App 等渠道向全社会广泛主动公开电价、收费项目及收费标准，严格执行价格主管部门批准的收费标准，禁止擅自增加收费项目或提高收费标准；主动公开服务规范，公示服务监督热线。

【核查方法】

每个受检单位检查不少于 1 个营业厅。检查前结合检查内容和业务要求，做好模拟策划。向营业厅人员咨询用电报装业务，查看营业场所是否公开电价、收费项目及收费标准、服务规范。同步检查“网上国网”App 等互联网渠道。

【政策依据】

外部政策依据：《国家发展改革委国家能源局关于全面提升“获得电力”服务水平持续优化用电营商环境的意见》（发改能源规〔2020〕1479 号）；《供电企业信息公开实施办法》（国能发监管规〔2021〕56 号）。

内部制度依据：《国家电网有限公司关于修订供电服务“十项承诺”和打造国际领先电力营商环境三年工作方案的通知》（国家电网办〔2022〕336 号）。

5."三不指定"未严格执行

【核查规则】

是否存在口头、书面、公示或设置障碍，采用不同标准等手段干预业务选择，向客户推荐、指定或限定特定的设计单位、施工单位、试验单位、监理单位或设备供应商，在验收等环节利用垄断、技术标准信息不对称设置障碍和其他"三指定"行为。严禁主业人员向施工单位泄露客户报装信息，或以其他形式帮助施工单位承揽客户工程。

【核查方法】

（1）抽取最近一年所有申请业扩工程的高压客户明细，被检查单位提供所有客户相应设计单位、施工单位、设备供应商名录。

（2）梳理本地业扩高压客户明细，抽取一定比例同一设计单位、施工单位、设备供应商高压新装客户，检查是否存在对客户业扩报装工程干预业主选择，指定设计单位、施工单位、试验单位、设备供应商，在验收等环节利用垄断、技术标准信息不对称设置障碍和其他"三不指定"要求落实不到位等问题。

【政策依据】

外部政策依据：①《国家能源局用户受电工程"三指定"行为认定指引》（国能发监管〔2020〕65号）；②《优化营商环境条例》（中华人民共和国国务院令第722号）；③《供电服务监管条例（试行）》（国家电力监管委员会令第8号）；④《供电监管办法》（电监会令第27号）。

内部制度依据：①《国家电网有限公司关于修订发布供电服务"十项承诺"和员工服务"十个不准"的通知》（国家电网办〔2020〕16号）；②《国家电网有限公司关于印发"阳光业扩"服务工作方案的通知》（国家电网办〔2020〕28号）。

6.业扩流程终止后重启

【核查规则】

筛查存在同类流程终止记录且发起和终止流程工单中供电单位相同、用户名称相同、用户地址前三个地址节相同、合同容量相同的明细进行稽查监控。

【核查方法】

每月筛查营销2.0系统上一统计周期所有新发起的高压新装、增容流程，统计业务受理开始时间前6个月，存在同类流程终止记录且发起和终止流程工单中供电单位相同、用户名称相同、用户地址前三个地址节相同、合同容量相同的明细进行稽查监控。

【政策依据】

内部制度依据：①《国家电网有限公司关于印发持续优化营商环境提升供电服务水平两年行动计划的通知》（国家电网办〔2018〕1028号）；②《国家电网有限公司关于印

发“阳光业扩”服务工作方案的通知》（国家电网办〔2020〕28号）；③《国家电网公司业扩报装管理规则》（国家电网企管〔2019〕431号）。

（二）现场勘察及供电方案答复

1. 疑似未开放容量

【核查规则】

对在途、归档的10（20）kV新装流程进行筛查，对用电类别不为居民生活用电、申请容量在0kVA至当地规定开放容量标准值之间、已答复供电方案的10（20）kV新装流程进行稽查监控。

【核查方法】

每月筛查营销2.0系统中上一统计周期内在途、归档的10（20）kV新装流程，对用电类别不为居民生活用电、申请容量在0kVA至当地规定开放容量标准值之间、已答复供电方案的10（20）kV新装流程进行稽查监控，核实是否落实低压接入容量开放要求。

【政策依据】

外部政策依据：《国家发展改革委国家能源局关于全面提升“获得电力”服务水平持续优化用电营商环境的意见》（发改能源规〔2020〕1479号）。

内部制度依据：《国家电网有限公司关于修订供电服务“十项承诺”和打造国际领先电力营商环境三年工作方案的通知》（国家电网办〔2022〕336号）。

2. 违规出具“一址多户”供电方案

【核查规则】

规避高可靠性供电费、基本电费情况。

【核查方法】

系统抽取同一用户名称、同一用电地址、同一用电类别，存在多个不同户号的高压客户明细：同一用电地址、同一用户名称、供电电源为不同线路的多个不同高压户号，全量现场检查所有高压客户，核实是否存在规避高可靠性供电费的情况；同一用电地址、同一用户名称、用电容量总和大于315kVA的高压户号（排除单台变压器容量大于315kVA的高压户号），全量现场检查所有高压客户，核实是否存在规避基本电费的情况。

【政策依据】

外部政策依据：《供电营业规则》（国家发改委令2024年第14号）。

内部制度依据：①《国家电网有限公司业扩供电方案编制导则》（Q/GDW 12259—2022）；②《国家电网公司业扩报装管理规则》（国家电网企管〔2019〕431号）。

3. 供电方案编制不合理

【核查规则】

对电压等级为10kV、受电变压器总容量大于15MVA；电压等级为35kV、受电变压器总容量大于40MVA；电压等级为110kV、受电变压器总容量大于100MVA进行稽查监控。

【核查方法】

每月筛查营销2.0系统中上一统计周期内在途、归档的高压新装、增容流程，对电压等级为10kV、受电变压器总容量大于15MVA，电压等级为35kV、受电变压器总容量大于40MVA，电压等级为110kV、受电变压器总容量大于100MVA进行稽查监控。

【政策依据】

外部政策依据：①《国家发展改革委国家能源局关于全面提升"获得电力"服务水平 持续优化用电营商环境的意见》(发改能源规〔2020〕1479号)；②《供电营业规则》(国家发改委令2024年第14号)；③《重要电力用户供电电源及自备应急电源配置技术规范(GB/T 29328—2018)》。

内部制度依据：①《国家电网有限公司业扩供电方案编制导则》(Q/GDW 12259—2022)；②《国家电网有限公司持续优化营商环境提升供电服务水平两年行动计划》(国家电网办〔2018〕1028号)；③《国家电网公司业扩报装管理规则》(国家电网企管〔2019〕431号)。

4. 限制业扩接入，未按照业扩"先接入，后改造"原则执行

【核查规则】

降低客户接电成本，执行"先接入，后改造"，电网接入受限设备列入整改计划，并落实改造。

【核查方法】

抽取最近一年所有申请业扩工程的低压、高压客户明细：检查是否存在因接入电网受限，未实行"先接入、后改造"或过渡方案接入，造成工单时长超长或终止后重启；询问客户接电成本、投资界面；是否执行"先接入后改造"，电网接入受限设备是否列入整改计划，并落实改造。

【政策依据】

外部政策依据：《国家发展改革委国家能源局关于全面提升"获得电力"服务水平持续优化用电营商环境的意见》(发改能源规〔2020〕1479号)。

内部制度依据：①《国家电网有限公司关于修订供电服务"十项承诺"和打造国际领先电力营商环境三年工作方案的通知》(国家电网办〔2022〕336号)；②《国家电网

有限公司关于印发持续优化营商环境提升供电服务水平两年行动计划的通知》(国家电网办〔2018〕1028号)。

5. 高可靠性供电费收取不规范

【核查规则】

(1)高压新装、增容流程已归档，220kV以下所有双电源及以上多电源(需实现电源联络)客户未收取高可靠性供电费。

(2)高压新装、增容流程已归档，220kV以下已收取高可靠性电费的双电源及以上多电源(需实现电源联络)客户，高可靠性费用收取标准是否正确。

【核查方法】

每月筛查营销2.0系统内对符合以下条件的客户进行稽查监控：高压新装、增容流程已归档，220kV以下所有双电源及以上多电源(需实现电源联络)客户收取高可靠性供电费。

【政策依据】

外部政策依据：《优化营商环境条例》(中华人民共和国国务院令第722号)。

6. 供电方案答复环节超期

【核查规则】

10kV单电源客户超11个工作日；10kV双电源客户超21个工作日(按照现行规定执行)。

时长判断条件：从首次业务受理开始时间到最后一次供电方案答复完成时间。

【核查方法】

每月筛查营销2.0系统中上一统计周期所有归档、在途的高压新装、增容流程，统计供电方案答复环节中是否存在超期情况。对10kV单电源用电客户超11个工作日、10kV双电源用电客户超21个工作日的工单进行稽查监控(按照现行规定执行)。

【政策依据】

内部制度依据：《国家电网公司业扩报装管理规则》(国家电网企管〔2019〕431号)。

(三)设计审核

1. 重要及高危用户设计文件审核错漏、把关不严

【核查规则】

对高危、重要项目、有特殊负荷(高次谐波、冲击性负荷、波动负荷、非对称性负荷等)的项目，或双(多)电源项目，对电气工程开展多部门联合开展设计审查，受理审查申请后3个工作日内完成设计审核。其他项目不需设计审查，将在竣工检验环节对设计、施工和试验单位资质、施工图纸与竣工资料合并审验。除设计资质审核外，还需

审核：

（1）主要电气设备技术参数、主接线方式、运行方式、线缆规格应满足《供配电系统设计规范》（GB 50052—2009）、《20kV 及以下变电所设计规范》（GB 50053—2013）、《3~110kV 高压配电装置设计规范》（GB 50060—2008）、《电力工程电缆设计规范》（GB 50217—2007）、《66kV 及以下架空电力线路设计规范》（GB 50061—2010）等规范和供电方案的要求；通信、继电保护及自动化装置设置应符合《电力装置的继电保护和自动装置设计规范》（GB/T 50062—2008）等有关规程；电能计量和用电信息采集装置的配置应符合《电能计量装置技术管理规程》（DL/T 448—2016）、国家电网有限公司智能电能表以及用电信息采集系统相关技术标准。

（2）对于重要客户，还要审查供电电源配置、自备应急电源及非电性质保安措施等，满足有关规程、规定的要求。

（3）对具有非线性阻抗用电设备（高次谐波、冲击性负荷、波动负荷、非对称性负荷等）的特殊负荷客户，还要审核谐波负序治理装置及预留空间，电能质量监测装置是否满足有关《电能质量　电压波动和闪变》（GB/T 12326—2008）、《电能质量　公用电网谐波》（GB/T 14549—1993）等规程、规定要求。

【核查方法】

每月筛查营销 2.0 系统中上一统计周期内在途、归档的高压新装、增容流程，对重要用户或双电源用户业务流程进行核查，核实受理设计审查申请后是否于 3 个工作日内完成设计审核，通过查阅业扩资料、现场或电话核实等方式核查是否按规范进行设计审查并严格把关。

【政策依据】

外部政策依据：①《供配电系统设计规范》中华人民共和国住房和城乡建设部〔2009〕437 号；②《20 千伏及以下变电所设计规范》（中华人民共和国住房和城乡建设部〔2002〕85 号）；③《3~110 千伏高压配电装置设计规范》（中华人民共和国住房和城乡建设部 2009 年出版书）；④《电力工程电缆设计规范》（中国电力工程顾问集团西南电力设计院会 2008 年出版书）；⑤《66 千伏及以下架空电力线路设计规范》（中华人民共和国住房和城乡建设部 2010 年出版书）。

内部制度依据：《国家电网公司业扩报装管理规则》（国家电网企管〔2019〕431 号）。

2. 未履行资质查验职责

【核查规则】

设计单位承揽业扩工程，其设计资质应符合：工程设计综合甲级资质可承担所有行业规划红线内、外电气设计；工程设计行业甲、乙级资质可承担本行业规划红线内电气设计；工程设计电力（送、变电）专业丙级及以上资质可承担相应等级的规划红线内电气设计；规划红线外的线路工程，应提供工程设计电力（送、电）专业丙级及以上资质。

【核查方法】

每月筛查营销 2.0 系统中上一统计周期内在途、归档的高压新装、增容流程，对重要用户或双电源用户设计单位进行核查。通过本省能源局网站获取设计单位资质，查验设计单位是否具备相应等级的工程设计资质、设计图纸时资质是否在有效期内。

【政策依据】

内部制度依据：《国家电网公司业扩报装管理规则》（国家电网企管〔2019〕431 号）。

3. 设计文件审查环节超期

【核查规则】

设计文件审查环节超 3 个工作日。单次设计文件审查环节时长判断条件：从本次设计文件审查受理开始时间到本次设计文件审查完成时间。如果存在多个设计文件审查环节的，取设计文件审查时长最大的一次进行展示（按照现行规定执行）。

【核查方法】

每月筛查营销 2.0 系统中上一统计周期所有归档、在途的高压新装、增容流程，对所有设计文件审查环节超 3 个工作日的工单进行稽查监控（按照现行规定执行）。

【政策依据】

内部制度依据：①《国家电网公司业扩报装管理规则》（国家电网企管〔2019〕431 号）；②《国家电网有限公司业扩供电方案编制导则》（Q/GDW 12259—2022）。

（四）送电准备

1. 供用电合同管理不规范

【核查规则】

筛查营销 2.0 系统内所有专用变压器及临时用户无供用电合同信息或正常供用电合同到期日期小于稽查当前日期的情况进行稽查监控。

【核查方法】

按一定比例抽查最近五年与客户签订的供用电合同。

（1）查看合同版本是否为国家电网有限公司统一版本，是否为签订时的最新合同版本。

（2）检查合同内容是否完整、规范，重点是产权分界点、双方的权利义务、安全责任及涉及量价费的内容。

（3）检查合同签署是否完整有效，包括双方法人（或授权人）签字、签订时间、盖章等。

（4）检查合同是否在有效期内，到期合同是否续签。

（5）合同是否按要求上传至系统内。

【政策依据】

内部制度依据：《国家电网公司供用电合同管理细则》[国网（营销 /4）393—2014]。

2. 中间检查环节超期

【核查规则】

中间检查环节超 2 个工作日。单次中间检查环节时长判断条件：从本次中间检查受理开始时间到本次中间检查完成时间。如果存在多个中间检查环节的，取中间检查时长最大的一次进行展示（按照现行规定执行）。

【核查方法】

每月筛查营销 2.0 系统中上一统计周期所有归档、在途的高压新装、增容等流程，对所有中间检查环节超 2 个工作日的工单进行稽查监控（按照现行规定执行）。

【政策依据】

内部制度依据：《国家电网公司业扩报装管理规则》（国家电网企管〔2019〕431 号）。

（五）验收送电

1. 未按规范执行竣工验收或把关不严

【核查规则】

高压新装、增容业务，受理竣工报验申请后 3 个工作日内完成竣工验收（按照现行规定执行），现场检验时，主要查验以下方面：

（1）电源接入方式、受电容量、电气主接线、运行方式、无功补偿、自备电源、计量配置、保护配置等是否符合供电方案。

（2）电气设备是否符合国家的政策法规，以及国家、行业等技术标准，是否存在使用国家明令禁止的电气产品。

（3）试验项目是否齐全、结论是否合格。

（4）计量装置配置和接线是否符合计量规程要求，用电信息采集及负荷控制装置是否配置齐全，是否符合技术规范要求。

（5）冲击负荷、非对称负荷及谐波源设备是否采取有效的治理措施。

（6）双（多）路电源闭锁装置是否可靠，自备电源管理是否完善、单独接地、投切装置是否符合要求。

（7）重要电力用户保安电源容量、切换时间是否满足保安负荷用电需求，非电保安措施及应急预案是否完整有效。

（8）是否符合现在执行的设计规范和施工及验收规程（根据需要提供）。

【核查方法】

每月筛查营销2.0系统中上一统计周期内在途、归档的高压新装、增容流程，对业务流程进行核查，核实受理竣工报验申请后是否于3个工作日内完成竣工验收，通过查阅业扩资料、现场或电话核实等方式核查是否按规范执行竣工验收并严格把关。

【政策依据】

内部制度依据：《国家电网公司业扩报装管理规则》（国家电网企管〔2019〕431号）。

2. 未履行资质查验职责

【核查规则】

施工单位承揽业扩工程，其施工资质应符合：10kV电压等级的施工和试验应具备五级及以上承装（修、试）电力设施许可证；35kV电压等级的施工和试验应具备四级及以上承装（修、试）电力设施许可证；110kV电压等级的施工和试验应具备三级及以上承装（修、试）电力设施许可证；220kV电压等级的施工和试验应具备二级及以上承装（修、试）电力设施许可证；取得一级承装（修、试）电力设施许可证可从事所有电压等级电力设施的安装活动。

【核查方法】

每月筛查营销2.0系统中上一统计周期内在途、归档的高压新装、增容流程，对用户施工单位进行核查。通过本省能源局网站获取施工单位资质，查验施工单位是否具备相应等级的工程施工资质、施工过程中资质是否在有效期内。

【政策依据】

外部政策依据：《承装（修、试）电力设施许可证管理办法》（国家发展改革委令2020年第36号）。

内部制度依据：《国家电网公司业扩报装管理规则》（国家电网企管〔2019〕431号）。

3. 接电计划安排不及时，不能满足客户意向接电时间

【核查规则】

按照客户意向接电时间，及时安排接电计划。

【核查方法】

检查最近一年归档的业扩流程清单，现场走访或电话回访用电客户，询问客户意向接电时间及实际接电时间，核实供电公司是否按照客户意向接电时间及时安排接电计划，是否收取接电费用。

【政策依据】

内部制度依据：《国家电网公司业扩报装管理规则》（国家电网企管〔2019〕431号）。

4. 条件允许情况下未实施业扩带电接入

【核查规则】

对于现场具备带电作业条件的用户业扩工程，实施业扩带电接入。

【核查方法】

检查最近一年归档的业扩流程清单，抽取进线方式为“架空”的业扩项目，现场走访用电客户，勘察用户现场是否具备带电作业条件，询问客户是否由供电公司为其提供免费的业扩带电接入服务。

【政策依据】

内部制度依据：《国家电网有限公司关于印发持续优化营商环境提升供电服务水平两年行动计划的通知》（国家电网办〔2018〕1028 号）。

5. 装表接电环节超期

【核查规则】

高压新装、增容在装表接电环节超 3 个工作日（按照现行规定执行）。时长判断条件：装表接电时长 = 最后一次送电完成时间 – 竣工验收最晚完成时间。

【核查方法】

每月筛查营销 2.0 系统中上一统计周期所有归档、在途的高压新装、增容流程，对装表接电环节涉及工作日超预设阈值的工单进行稽查监控。

【政策依据】

内部制度依据：《国家电网公司业扩报装管理规则》（国家电网企管〔2019〕431 号）。

6. 送电时间一致性异常

【核查规则】

筛查营销 2.0 系统中上一统计周期归档的高压新装专用变压器用电客户，取该用电客户接入用电信息采集系统后的首次采集记录，根据首次采集记录中用电量与运行容量进行比对，判断合理性（具体阈值由各省公司自行定义）。

【核查方法】

筛查营销 2.0 系统中上一统计周期归档的高压新装专用变压器用电客户，取该用电客户接入用电信息采集系统后的首次采集记录，提取首次采集记录中用电量与运行容量进行比对结果不合理用户，现场或电话与用户核实送电时间，核实是否体外流转。

【政策依据】

内部制度依据：①《国家电网公司业扩报装管理规则》（国家电网企管〔2019〕431 号）；②《国家电网有限公司关于印发持续优化营商环境提升供电服务水平两年行动计划的通知》（国家电网办〔2018〕1028 号）。

（六）资料归档

1. 业扩报装接电时间超短（归档）

【核查规则】

筛查10（20）kV新装、增容归档流程，对首次受理至最后一次送电完成的时长不超过5个工作日的情况进行稽查监控。35kV及以上新装、增容归档流程，从首次受理至最后一次送电完成的时长不超过20个工作日的情况进行稽查监控。剔除无送电环节、无工程的归档流程。

【核查方法】

筛查营销2.0系统中上一统计周期内所有10（20）kV新装、增容归档流程，对首次受理至最后一次送电完成的时长不超过5个工作日的情况进行稽查监控。35kV及以上新装、增容归档流程，从首次受理至最后一次送电完成的时长不超过20个工作日的情况进行稽查监控。剔除无送电环节、无工程的归档流程。

2. 分布式电源并网时限超短（归档）

【核查规则】

分布式电源当日受理当日（次日）办结，剔除无外部工程的自然人分布式电源。

【核查方法】

筛查营销2.0系统中上一统计周期内所有分布式电源归档流程，对从首次受理环节至归档完成的时长不超过2个工作日情况进行稽查监控，剔除无外部工程的自然人分布式电源。

3. 业扩办电环节压减不到位

【核查规则】

普通客户业扩项目设计审查、中间检查压减落实不到位，私自增加业扩环节，如增加预付费环节。

【核查方法】

每个受检单位电话回访客户不少10个，其中高压不少于5个；走（面）访客户不少于2个，其中高压不少于1个；线上线下开展模拟报装各不少于1个。对用户开展面访时，可对投资界面、业务收费、电价执行、受电工程等内容一并开展检查，提高检查效率。

（1）调阅漠视侵害群众利益问题清单，国家能源局专项监管问题，巡视转办投诉举报事件，近6个月的95598投诉工单，业扩回访中涉及时间偏差、不满意的工单，12398工单等资料，分析梳理问题线索。

（2）根据梳理的问题线索，开展客户电话回访、现场走访。了解客户办电体验，重点询问客户办理业务的类别、报装容量、办电环节等信息，判断是否存在未压减办电环节情况。对电话回访及拒绝面访的客户，也可通过微信（短信）等方式收集资料。

（3）根据问题线索，对问题较为集中的区域，通过供电营业厅、网上国网 App 等渠道开展模拟报装，与工作人员交流，询问用电报装环节，核查压减用电报装环节要求落实情况。

【政策依据】

内部制度依据：《国家电网有限公司关于印发持续优化营商环境提升供电服务水平两年行动计划的通知》（国家电网办〔2018〕1028 号）。

4. 业扩报装归档资料收集不规范

【核查规则】

一次性告知用户办电所需资料，按规范收取客户业扩报装资料，并上传至营销 2.0 系统，不得收取冗余资料或已有客户资料或资质证件尚在有效期内要求客户再次提供。

【核查方法】

检查最近一年归档和当前在途的业扩流程清单、业扩档案资料、省公司、市公司优化营商环境相关文件实施方案。现场检查最近一年所有业扩档案资料（高压、低压 100kVA 及以上客户），随机抽查不少于 30 份业扩档案资料，核查是否存在未一次性告知客户，要求客户额外提供规定资料之外的其他资料或已有客户资料或资质证件尚在有效期内，要求客户再次提供的情况。检查业扩资料是否上传营销 2.0 系统。

【政策依据】

内部制度依据：①《国家电网有限公司关于印发持续优化营商环境提升供电服务水平两年行动计划的通知》（国家电网办〔2018〕1028 号）；②《国家电网公司业扩报装管理规则》（国家电网企管〔2019〕431 号）。

5. 账号权限管理混乱

【核查规则】

账号密码不符合要求，账号密码公开共享或在群内明文发送，账号密码存在 5 人以上 IP 使用，系统环节处理过于集中在某岗位或某人员，账号权限过大。

【核查方法】

（1）询问谈话及现场走访。

（2）后台导出相关账号密码信息、账号登录信息、账号业务处理信息，进行专门统计分析监控。

【政策依据】

内部制度依据：《国网营销部关于加强营销专业网络与信息安全管理的工作意见》

（营销综〔2017〕4号）。

6. 业扩报装流程“体外循环”

【核查规则】

业扩报装业务系统内流程信息与业务实际流程一致性。

【核查方法】

（1）系统内查询今年所有高压业扩清单，抽查业务办理情况，重点是时长较长（在途和归档）、时长超短（归档）、流程终止的工单，核实纸质资料与系统内信息是否一致。

（2）系统内查询是否存在流程终止后重新发起情况（户名一致或地址相似）。

（3）询问客户业务办理时间。

【政策依据】

外部政策依据：《国家发展改革委国家能源局关于全面提升“获得电力”服务水平持续优化用电营商环境的意见》（发改能源规〔2020〕1479号）。

内部制度依据：①《国网营销部关于印发全面治理业扩报装“体外循环”问题积极构建长效机制意见的通知》（营销营业〔2022〕2号）；②《国家电网公司业扩报装管理规则》（国家电网企管〔2019〕431号）；③《国家电网公司业扩报装工作规范》（国家电网营销〔2010〕1247号）。

7. 超长结存工单（在途）

【核查规则】

筛查营销2.0系统所有用电客户中高压新装、增容超365天在途工单的明细，进行稽查监控。

【核查方法】

每月筛查营销2.0系统所有用电客户中高压新装、增容超365天在途工单的明细，并进行稽查监控。

时长判断条件：10kV及以下，从业务受理开始时间到统计时间超365天；35kV从业务受理开始时间到统计时间超500天；110kV及以上，从业务受理开始时间到统计时间超730天。

8. 低压非居民业扩报装业务办电时长超长

【核查规则】

低压非居民新装、增容流程，对超过预设阈值工作日时间的工单明细进行稽查监控。剔除批量新装流程。

时长判断条件：已归档工单计算工单总时长；在途工单计算自首次业务受理开始时

间到统计时的总时长。

【核查方法】

每月筛查营销 2.0 系统中上一统计周期所有归档、在途的低压非居民新装、增容流程，对超过规定时间的工单明细进行稽查监控。剔除批量新装流程。时长判断条件：已归档工单计算工单总时长；在途工单计算自首次业务受理开始时间到统计时的总时长。

二、电价电费稽查

（一）抄表管理

1. 核算包参数设置有误

【核查规则】

（1）核算包属性错误（市场化用户核算包属性应为市场化零售客户或市场化直购用户）。

（2）最后抄表月份错误（如新上台区最后抄表月份默认当月，会造成第一个月不自动抄表）。

（3）生效标志错误（段内为非销户用户，但该核算包状态为“注销”）。

【核查方法】

（1）非市场化核算包，市场化属性分类不含“市场化”，市场化核算包，市场化属性分类含“市场化”。

（2）月底前核查，核算包的最后抄表月份应为 n–1 月份。

【政策依据】

内部制度依据：《国家电网有限公司电费抄核收管理办法》[国网（营销 /3）273—2019]。

2. 未按规定安排抄表例日

【核查规则】

按户号取一个抄表周期内发起多次抄表计划用户的最终期抄表日期，与本省规定的抄表例日是否一致。

【核查方法】

是否按照浙江省规定抄表例日进行抄表。

【政策依据】

内部制度依据：《国家电网有限公司电费抄核收管理办法》[国网（营销 /3）273—2019]。

3. 未按规定抄表例日抄表

【核查规则】

（1）核算包属性错误。

（2）最后抄表月份错误。

【核查方法】

（1）现场检查营销系统内用户实际抄表示数冻结日期与抄表例日是否一致。

（2）是否存在用户抄表例日在近一年内变动超过 2 次的情况。

（3）是否存在高压用户表计示数冻结日期与抄表例日不一致的情况。

【政策依据】

内部制度依据：《国家电网有限公司电费抄核收管理办法》[国网（营销 /3）273—2019]。

4. 现场抄表作业不规范（包含市场化客户）

【核查规则】

出现估抄、漏抄、代抄。

【核查方法】

（1）后台抽取全量抄表用户，抄表止度与采集数据不一致；连续 6 个月发行电量为零，且最后一次表计电量超过有电量月份 3 倍的用户明细。

（2）核实现场表计示数，并与系统抄表记录、用电信息采集系统数据进行比对，检查实际情况是否与供电公司反馈一致。请被检单位提供该户用电信息采集系统近 6 个月采集数据原始记录截屏及抄表记录截屏，核实抄表是否到位。

（3）连续 6 个月发行电量为零用户召测电流、电压、功率等信息，核查是否存在漏抄、窃电、反向有功未抄或表计故障未及时处理等情况。

【政策依据】

内部制度依据：《国家电网有限公司电费抄核收管理办法》[国网（营销 /3）273—2019]。

5. 手工抄表

【核查规则】

手工抄表用户明细。

【核查方法】

（1）抽取非远采集抄方式的抄表清单，剔除电厂下网电量计量点计量装置、冷备用电源计量点计量装置、全暂停用户计量点计量装置。

（2）核对抄表示数与采集冻结示数是否一致。

【政策依据】

内部制度依据：《国家电网有限公司电费抄核收管理办法》[国网（营销/3）273—2019]。

6. 示数复核异常未处理

【核查规则】

（1）抄表示数翻转。

（2）总峰谷电量异常。

（3）需考核功率因数用户无功异常。

【核查方法】

（1）电量同比环比突增、突减。

（2）抽查执行分时电价居民用户、工商业用户在峰/高峰段时间用电信息采集系统有无负荷。

（3）功率因数异常、功率因数调整电费异常（因表计无功示数异常，出现有功电量不为0而无功电量为0的情况，导致力调系数虚高，如功率因数值是1；未添加无功Q_1、Q_4计度器等）。

【政策依据】

内部制度依据：《国家电网有限公司电费抄核收管理办法》[国网（营销/3）273—2019]。

7. 长期零电量

【核查规则】

系统中连续6个月零电量用户，剔除临时性减容、永久性减容后运行容量为0的用户。

【核查方法】

抽取存在反向电量且当月发行电量为零的用电户。

【政策依据】

外部政策依据：《供电营业规则》（国家发改委令2024年第14号）。

内部制度依据：《国家电网有限公司电费抄核收管理办法》[国网（营销/3）273—2019]。

8. 变更后基本电费未分段计算

【核查规则】

抄表工单费用审核环节可检查变更用户上月基本电费有无分段计算。

【核查方法】

抽取所有上月存在变更工单归档的用户，并匹配相应的抄表工单，需确认基本电费正确分段后方可下发。

【政策依据】

内部制度依据：《国家电网有限公司电费抄核收管理办法》[国网（营销/3）273—2019]。

9. 需量抄表日与冻结日不一致、最大需量值异常

【核查规则】

（1）需量值抄见异常：需量用户当月最大需量抄见值与用电信息采集系统冻结日抄见值不符。

（2）需量用户的表计需量冻结日是否为1日00:00。

【核查方法】

（1）抽取当月抄表出账的最大需量抄见值与用电信息采集系统冻结日需量值不符清单。

（2）抽取当月需量用户计量点存在有功抄见电量，但该计量点需量为0的清单。

（3）抽取最大需量值小于当月平均负荷用户计量点清单。

【政策依据】

内部制度依据：《国家电网有限公司电费抄核收管理办法》[国网（营销/3）273—2019]。

10. 抄表数据与采集不一致

【核查规则】

（1）用户抄表结算示数与用电信息采集系统示数不一致。

（2）抽取正常抄表数据与采集数据比对。

【核查方法】

（1）抽取营销业务应用系统抄表数据与用电信息采集系统当日数据不一致用户清单。

（2）抽取正常抄表数据与采集数据比对。

【政策依据】

内部制度依据：《国家电网有限公司电费抄核收管理办法》[国网（营销/3）273—2019]。

（二）核算管理

1. 地方擅自出台不合规电价文件

【核查规则】

（1）严格执行国家规定的目录电价、附加基金等电价政策。未经国家发展和改革委员会或政府价格主管部门批准，严禁地方政府及相关部门超越价格管理权限，擅自制定调整电价管理政策，自行出台并实施优惠电价措施，或者以其他名义变相降低企业用电价格；未经国务院价格主管部门批准，实行峰谷、丰枯分时电价的地区，不得自行改变峰谷电价、丰枯电价时段和电价标准。

（2）未实行统一销售电价的地区要严格执行省级及以上价格主管部门批准的电价。

（3）供电企业不得以任何理由代收不合法、不合规的费用，不得以任何理由从不合法、不合规收费中收取代收手续费和劳务费。

（4）禁止在同一营业区域内重复收取客户电费；任何无营业许可的单位，不得以任何名义、任何方式收取或变相收取电费。

（5）严禁地方政府和供电企业截留目录电价收入、附加基金收入，转作地方、部门建设基金及其他专项资金。

（6）供电企业应公开电价和收费标准，自觉接受政府、社会、客户监督，树立良好供电企业形象。

【核查方法】

（1）在营销 2.0 系统内检查是否有超出国家规定的目录电价、附加基金的收费条目。

（2）通过查询地方政府出台文件、现场检查、电话回访等方式，核查是否有地方政府、供电企业出台的搭车收费、截留电费、优惠电费等情况。

（3）检查供电企业是否按规定公示电价和收费标准。

【政策依据】

外部政策依据：《国家发展改革委、国家电监会、国家能源局关于清理优惠电价有关问题的通知》（发改价格〔2009〕555 号）。

2. 阶段性优惠电价政策执行错误

【核查规则】

（1）准确执行政府部门相关电价文件。

（2）文件内规定的优惠电价执行有效期与系统内执行优惠电价的时间段相符。

（3）符合文件规定的用户实际用电性质与所执行优惠电价一致。

【核查方法】

重点检查当年阶段性优惠电价政策落实情况：当年电费算费记录，核算是否存在优惠电价政策未执行情况。

【政策依据】

外部政策依据：国家、省发展改革委合规出台的阶段性优惠电价政策文件。

3. 两部制电价执行异常

【核查规则】

（1）运行容量 315kVA 及以上大工业用户未执行两部制电价，剔除行业分类为：水力发电、火力发电、生物质能发电、太阳能发电、热电联产、其他电力生产、核力发电、风力发电、电厂生产耗用电量、充换电服务业、污水处理企业用电、海水淡化用电、经营性集中式充换电设施等用户。

（2）运行容量 315kVA 以下执行两部制电价。

（3）行业类别为非工业用户执行两部制电价，剔除一般工商业及其他用户执行两部制电价。

【核查方法】

（1）系统内抽查 315kVA 及以上的大工业用户是否严格按照国家发展和改革委员会以及当地物价局电价政策文件执行两部制电价。

（2）系统内抽查两部制电价用户信息配置是否正确：客户现场、纸质档案以及系统内三者电价信息是否一致。

（3）筛查按需量计收基本电费的两部制电价用户是否严格按照国家发展和改革委员会以及当地物价局电价政策文件计收基本电费。

（4）系统内抽查进行过新装、暂停、暂停恢复以及增减容等业务流程的用户基本电费计收是否正确，启停时间是否规范。

（5）系统内抽查减容后容量达不到实施两部制电价规定容量标准的，是否改为相应用电类别单一制电价计费，并执行相应的分类电价标准。

（6）筛查执行两部制电价用户，是否存在电费计算结果中有用电量但无基本电费情况。

（7）筛查按需量计收基本电费的用户，是否存在无需量计度器或需量抄见值为 0 的情况，需量清零时刻是否准确。

（8）筛查按约定的最大需量核定值计收基本电费的用户，需量抄见值小于运行容量 40% 的情况。

【政策依据】

外部政策依据：①《国家发展改革委办公厅关于完善两部制电价用户基本电价执行方式的通知》（发改办价格〔2016〕1583 号）；②《供电营业规则》（国家发改委令 2024

年第 14 号）。

4. 差别电价执行不到位

【核查规则】

按照各区县政府公布的差别电价政策标准进行检查。

【核查方法】

根据营销 2.0 系统执行差别电价客户清单，及被检查单位提供的政府电价文件：

（1）检查是否存在应执行差别电价未执行的情况。

（2）检查系统中差别电价执行时间、特抄时间是否与电价文件执行一致，是否存在执行时间、执行电量有误导致差别电价执行不到位的情况。

（3）差别电价政策发布晚于执行时间产生退补的，需核实电量电费是否准确，退补流程是否合理规范。

【政策依据】

外部政策依据：国家、省发展改革委合规出台的差别电价执行政策文件。

5. 特殊电价执行异常

【核查规则】

特殊电价执行异常：冰蓄冷、蓄热式电锅炉、污水处理等特殊优惠电价执行错误。

【核查方法】

（1）增量抽取冰蓄冷、蓄热式电锅炉、污水处理等特殊优惠电价的用户进行排查。

（2）不应执行优惠电价而执行的。

（3）行业分类与执行电价不匹配。

【政策依据】

各省特殊优惠电价政策。

6. 发电电价执行错误

【核查规则】

各单位按照政府相关部门出台的发电电价执行标准，核查以下内容：

（1）系统备用容量费：按照自备电厂相关政策收取系统备用容量费。

（2）非“三余”自备电厂政策性交叉补贴：按照自备电厂自发自用电量收取政策性交叉补贴。

（3）政府性基金及附加：按照自备电厂自发自用电量收取政府性基金及附加，按同期目录销售电价表中征收标准执行。

（4）上网电价：按各省燃煤标杆电价上网电价结算上网电量。

（5）特殊情况：余热、余压、余气自备电厂减免系统备用费和政策性交叉补贴。

（6）其他发电电价政策。

【核查方法】

（1）通过营销 2.0 系统查询发电企业电价执行是否准确。

（2）根据政策规定，核查系统备用容量费、政策性交叉补贴、政府性基金及附加及其他特殊情况电价执行准确性。

【政策依据】

外部政策依据：《关于规范电能交易价格管理等有关问题的通知》（发改价格〔2009〕2474 号）。

7. 企业自用电电价执行错误

【核查规则】

企业自用电是指供电企业在生产经营过程中，为完成输电、变电、配电、售电等生产经营行为而必须发生的电能消耗，电能所有权并未发生转移，包括供电企业所属机关办公楼、调度大楼、供电（营业）所、检修公司、信息机房、集控站等办公用电，不包括供电企业租赁场所用电（非供电单位申请用电的）、供电企业出租场所用电、多经企业用电和集体企业用电、基建技术改造工程施工用电。

【核查方法】

据营销 2.0 系统执行企业自用电客户清单，及被检单位提供的企业内部办公场所清单，检查：

（1）是否存在超范围执行企业自用电电价的情况。

（2）是否存在应执行企业自用电电价但未执行的情况。

（3）营销 2.0 系统内电价码、行业分类设置是否正确。

【政策依据】

内部制度依据：《国网发展部关于进一步规范电量统计的通知》（国网发展统计〔2013〕383 号）。

8. 农业排灌电价执行错误

【核查规则】

按规定执行农业生产电价的灌溉及排涝、农业生产、林木培育和种植、畜牧业、渔业、农产品初加工等用电执行准确，对月均电量超过 1000kWh 或反季节用电的农业排灌电价重点核查（电量阈值需要根据各省实际情况进行调整）。

【核查方法】

重点核查农业生产电价低于工商业电价的地区（阈值由各省自行设定）。

（1）系统查阅执行农业生产电价、农业排灌电价用户清单，全面开展在线和现场稽查。对月用电量连续12个月大于500kWh或非排灌季月用电量大于1000kWh的农排用户、月均用电量大于1000kWh的农业大电量用户及全量贫困县农排用户，逐户进行现场核查（阈值可根据实际情况调整）。重点核查现场是否为农业（农排）用电、是否存在转供高电价的行为、是否存在应执行定比定量而实际执行不到位或定比定量值设置不合理等问题；纯农排用户按其季节性用电习惯，重点筛查当年10月至次年2月非农排季节期间，月用电量相对较多的疑似异常用户（供电单位、户名、户号、用电地址、电压等级、容量、抄表包、全年合计电量、分月电量）。

（2）核查此类用户现场检查记录、定比定量核查记录，核实是否按照要求开展相关工作并规范执行。农业排灌用电执行范围是否正确。

【政策依据】

外部政策依据：《国家发展改革委关于调整销售电价分类结构有关问题的通知》（发改价格〔2013〕973号）。

9. 学校教学和学生生活电价执行错误

【核查规则】

学校的教室、图书馆、实验室、体育用房、校系行政用房等教学设施，以及学生食堂、澡堂、宿舍等学生生活设施用电。

执行居民用电价格的学校，是指经国家有关部门批准，由政府及其有关部门、社会组织和公民个人举办的公办、民办学校，包括：①普通高等学校（包括大学、独立设置的学院和高等专科学校）；②普通高中、成人高中和中等职业学校（包括普通中专、成人中专、职业高中、技工学校）；③普通初中、职业初中、成人初中；④普通小学、成人小学；⑤幼儿园（托儿所）；⑥特殊教育学校（对残障儿童、少年实施义务教育的机构）。不含各类经营性培训机构，如驾校、烹饪、美容美发、语言、电脑培训等。

特殊情况的界定：

（1）各类经营性培训机构不执行学校电价。该类机构包括驾校、特种机械培训学校、烹饪学校、美容美发学校、各类应试培训机构、校外辅导班、早教班、语言及电脑培训学校。

（2）技工学校是指具有国家教育部门和劳动部门颁发的办学资质，学制为3年及以上，培养技术技能型人才（中、高级工、技师）的全日制学校。

（3）学校附属的学生实习基地执行居民生活电价，非教学目的的实习工厂等不执行居民生活电价。

【核查方法】

（1）系统查阅执行学校电价的用户清单，对执行学校电价的用户，1~2月、7~8月或其他放假月用电量与正常开学月用电量相比基本无变化，或用电量下降小于 50%（放假月、下降比例可根据实际情况调整），逐户进行现场核查。重点核查现场是否为学校用电，是否存在转供高电价的行为。

（2）对执行定比定量的学校电价用户，核查其定比定量计算依据，是否存在应执行定比定量而实际执行不到位或定比定量值设置不合理等问题。

【政策依据】

外部政策依据：《国家发展改革委关于调整销售电价分类结构有关问题的通知》（发改价格〔2013〕973 号）。

10. 居民清洁电采暖电价执行错误

【核查规则】

按各省的电采暖电价政策执行。

【核查方法】

系统查阅执行清洁电采暖用户清单，与政府清洁供暖名录用户进行对比，核查是否存在非名录内用户享受电价优惠、非供暖期执行电采暖电价情况。对存疑用户开展现场稽查，核查用户现场真实用电性质。

【政策依据】

外部政策依据：《国家发展改革委、建设部关于印发〈城市供热价格管理暂行办法〉的通知》（发改价格〔2007〕1195 号）。

11. 定量定比核定异常

【核查规则】

（1）定量定比值不符合策略和逻辑。

（2）连续一年定量值大于总电量，排除销户、停用的计量点。

（3）定量定比与上级计量点执行同一电价。

（4）定量定比值为 0。

（5）定量的计量点，定量值小于 1。

（6）定比定量的计量点，计量点级数为 1（剔除自备电厂用户、剔除无表的定量用户）。

（7）连续 12 个月定比定量值都一样（各省自行确定）。

【核查方法】

（1）营销 2.0 系统核查定量值大于总表电量。

（2）营销 2.0 系统核查定量定比为 0。

（3）营销 2.0 系统核查定量的计量点，定量值小于 1。

（4）营销 2.0 系统核查定比定量的计量点，计量点级数为 1。

【政策依据】

内部制度依据：《国家电网有限公司电费抄核收管理办法》[国网（营销/3）273—2019]。

12. 功率因数考核标准错误

【核查规则】

按《功率因数调整电费管理办法》规定及各省的政策执行。

【核查方法】

（1）对营销 2.0 系统内符合条件的用户进行筛选，根据用户合同容量和用电性质核查是否有执行不到位情况。

（2）查询用户是否抄录无功电量、反向无功电量，核实是否为手工录入数据。

（3）核实分布式光伏余电上网关联用户无功反向总表码是否删除，是否参与用户功率因数电费计算。

【政策依据】

外部政策依据：①《供电营业规则》（国家发改委令 2024 年第 14 号）；②《功率因数调整电费办法》（83）水电财字第 215 号。

13. 综合倍率异常

【核查规则】

（1）变压器容量与综合倍率相匹配（各省自行确定）。

（2）营销 2.0 系统倍率、准确率等级与现场一致。

（3）互感器变比是否与营销 2.0 系统用户档案中一致。

【核查方法】

（1）抽取非直通表综合倍率为 1 的用户明细，核查其综合倍率是否异常。

（2）抽取某时间段内合同容量增容前后比值大于 5 的增容流程，重点核查用户增容后用电量是否明显增加。

（3）抽取负荷率低于 10% 的高压用户（负荷率 = 用户当月发行电量 / 用户理论月度最大用电量 ×100%），重点核查系统档案与现场是否一致。

（4）核查系统内用户互感器三相变比不一致。

【政策依据】

外部政策依据：《供电营业规则》（国家发改委令 2024 年第 14 号）。

14. 多路常供多电源用户最大需量未累加计收基本电费

【核查规则】

对按最大需量计收基本电费的客户，必须安装最大需量表。

（1）对有两路及以上进线的客户，各路进线应分别计算最大需量。如因供电部门有计划的检修等原因而造成客户倒用线路，使某一路最大需量增加，其增大部分在计算客户当月最大需量时应合理扣除。

（2）有两路以上电源，装有连锁装置互为备用的，需量按各路电源中负荷值最大的一路计收基本电费；对有可能同时运行的，应迭加计算。

【核查方法】

营销 2.0 系统内查询执行最大需量计费的多路电源供电用户，核查供电方式与最大需量计费是否准确。

【政策依据】

外部政策依据：《国家发展改革委办公厅关于完善两部制电价用户基本电价执行方式的通知》（发改办价格〔2016〕1583 号）。

15. 电费退补处理不规范

【核查规则】

加强电量电费差错管理，规范退补流程，因抄表差错、计费参数错误、计量装置故障、违约用电、窃电等原因需要退补电量电费时，应由责任部门在营销 2.0 系统内发起电量电费退补流程，写明退补原因、计算过程并上传相关资料，营销 2.0 系统应设置电费退补审批环节，经逐级审批后由核算中心（班组）完成退补审核、发行。

【核查方法】

系统内查询退补电量电费较大的用户清单，重点检查：

（1）现场检查退补流程的纸质资料是否包含退补申请资料、审批资料；相关单据上用户、处理人、审批人签章是否齐全；申请退补原因是否真实合理；电话回访用户核实退费真实性。

（2）现场检查营销 2.0 系统内退补流程涉及的退费、收费记录，相关流程是否执行逐级审批制度；在财务系统中是否存在真实的对应的进、出账记录和财务凭证。

（3）抽查电费核算班若干月份的纸质电量电费退补审批单，检查是否集中按月装订存档，具体清单与营销 2.0 系统相符。

（4）检查纸质电量电费退补审批单中部门名称盖章情况、退补类型、核查人、退补时间等信息是否填写规范，核查结果、退补原因描述是否清晰，退补方案是否完整、准确，审批意见是否逐级填写。

【政策依据】

内部制度依据：《国家电网有限公司电费抄核收管理办法》［国网（营销/3）273—2019］。

16. 变损参数设置错误

【核查规则】

（1）变损执行错误：供电电压小于 1kV 的客户计取变损、高供低计未计变损、高供高计计变损、无抄表电量有铜损、变损计费参数不正确。

（2）变损计费参数不正确：用户的变压器对应的损耗代码跟损耗标准表的变压器型号不一致或容量不一致或用户的电压等级不一致。

【核查方法】

抽取高供低计客户明细，核查是否存在应计未计变损电量的情况。

【政策依据】

外部政策依据：《供电营业规则》（国家发改委令 2024 年第 14 号）。

17. 专线用户线损计收异常

【核查规则】

专线用户用电计量装置原则上应安装在供电设施的产权分界处，当用电计量装置不安装在产权分界处时，线路与变压器损耗的有功与无功电量均须由产权所有者负担。

【核查方法】

（1）系统抽取所有专线客户清单，核查产权分界点与计量装置安装位置不一致的专线客户线损计收情况，核查是否存在线损计收比例过低或未计收专线线损情况。

（2）系统查询结合现场核实：对照用户电子档案资料、纸质档案资料，核对用户电源类型、计量点安装地点、线损核定值计算书、供用电合同等，现场、纸质支撑材料、营销 2.0 系统内维护的信息是否三者对应、规范。

（3）系统抽取以下异常数据：

1）计量装置安装在用户侧但营销 2.0 系统中未按合同约定维护线损值。

2）线损值核定录入不正确，线损值小数点位数错误。

3）专线用户有线损值但线损计费标志为否。

4）计量点所属侧为用户侧的专线用户发生增容、减容、暂停等用电变更，或线路类型、导线型号、线路长度等线路参数发生变化，但线损值未发生变化。

5）电源类型为专用变压器但计收线损。

6）电源类型为专线，计量点所属侧为变电站侧，但计收线损。

【政策依据】

外部政策依据：《供电营业规则》（国家发改委令 2024 年第 14 号）。

18. 用电类别、行业类别不一致

【核查规则】

（1）系统内用户用电类别、行业分类与执行电价均保持对应关系。

（2）系统内用户用电类别、行业类别与客户现场一致。

【核查方法】

（1）在营销 2.0 系统中，按照相应查询命令核查电价执行规则，稽查用电类别、行业类别与电价执行的异常数据，以用户主计量点为主，如用户用电类别与执行电价类别不对应、非居民电价的行业分类不能选城镇农村居民生活、分类电价执行错误等核查规则。

（2）抽取部分数据，现场核查用电类别、行业类别与电价执行准确性。

【政策依据】

外部政策依据：《国家发展改革委关于调整销售电价分类结构有关问题的通知》（发改价格〔2013〕973 号）。

19. 居民大电量

【核查规则】

执行电价中有居民合表电价（阈值各省自行设定）。

【核查方法】

现场检查客户的实际用电类别是否为纯居民生活用电，是否存在其他性质用电情况。

【政策依据】

外部政策依据：《国家发展改革委关于调整销售电价分类结构有关问题的通知》（发改价格〔2013〕973 号）及各省电价政策。

20. 市场化交易电价执行不到位

【核查规则】

（1）根据电力交易平台清单核对市场化交易属性营销 2.0 系统档案内信息是否正确。

（2）用户进行入市、退市等变更时，交易中心进行推送后，营销 2.0 系统是否同步进行变更。

（3）零售用户抄表后电费电量、电费时段和电价是否存在异常。

（4）用户属性由“零售”或者“兜底”变成“退市代购”开始当月及以后终次电费中，电网代购购电电费不为 0，惩罚电费（电网代购退市代购）为 0 的用户，一直排查到用户属性变更为止。

【核查方法】

（1）市场化交易用户信息变更情况汇总表。

（2）零售用户电价查询。

21. 社会救助对象优惠用电执行不到位

【核查规则】

（1）存在低保优惠电费，但营销 2.0 系统无社会救助对象信息（剔除当月走过业务类型为“社会困难人群优惠用电维护”且需求类型为“社会困难人群优惠用电取消”的用户）。

（2）同一社会救助对象身份证号存在于多个用电户号中。

（3）非集中供养社会救助对象居民用电户存在多个社会救助对象信息。

（4）营销 2.0 系统有生效的社会救助对象信息，未执行社会救助对象优惠电价。

【核查方法】

（1）营销 2.0 系统内核查“社会救助对象”用户明细。

（2）营销 2.0 系统内核查“社会救助对象”抄表。

【政策依据】

外部政策依据：《国网浙江省电力有限公司关于完善社会救助对象优惠用电政策的实施意见》（浙电营〔2021〕218 号）。

22. 一户多人口电价执行不到位

【核查规则】

（1）用户存在多处房产，实际未多人口居住，但多个用电户均申请一户多人口电价，受理人员把关不严，未仔细核对用电地址、检查其是否存在已享受一户多人口电价的用电户头，导致同一户主享受多处房产的一户多人口优惠电价。

（2）一户多人口用电户过户给非多人口居民，变更过程中执行电价没有及时调整，导致执行价格错误。

（3）系统原因，出现营销 2.0 系统中的一户多人口信息为空，导致应执行“一户多人口”电价用户计费差错。

（4）可享受居民家庭“一户多人口”电价用户在到期前 3 个月未申请续期，导致多人口电价满 2 年后失效。

【核查方法】

（1）系统内按有效期查询一户多人口流程信息。

（2）系统内按有效期查询“重复申请一户多人口清单”。

（3）系统内按有效期查询“3 个月内到期的一户多人口清单”。

（4）核实户名相同、身份证号相同，但有多个用电户头，且执行一户多人口电价的居民用户。

（5）户名相同、用电地址相同，且执行一户多人口电价的居民用户。

23. 污水处理用户电价执行不到位

【核查规则】

（1）乡镇污水处理厂和污水处理企业根据省物价局有关文件，可享受优惠电价政策。

（2）根据系统数据筛选乡镇污水处理厂和污水处理企业，判别优惠电价是否执行到位。

【核查方法】

（1）营销2.0系统核查"污水处理用户电价执行不到位"的用户清单（户名带关键字"污水"或用户行业类别为"污水处理及其再生利用"）。

（2）营销2.0系统核查非污水处理用户清单（户名无"污水"或用户行业类别不为"污水处理及其再生利用"）。

24. 分类电价执行异常

【核查规则】

（1）执行电价未按实际用电类别正确选择营销2.0系统中相关参数，导致发生执行异常。

（2）算法规则：

1）执行电价电压等级与计量点对应电源的供电电压不一致用户。

2）用电类别和执行电价不一致用户（该条仅抽取只有一种电价用户）。

3）用户行业分类与电价行业分类不匹配。

4）居民用户执行两费率电价但无谷计量项。

5）执行三费率电价用户未勾选尖或峰或谷计量项。

6）执行需量用户无最大需量计量项。

7）两部制用户基本电费选择不计算（剔除执行环保行业电价政策用户）。

8）运行容量100kVA（kW）及以上应执行但未执行分时电价的客户（剔除行业分类为自来水厂、污水处理、电气铁路）。

【核查方法】

（1）营销2.0系统核查分类电价异常。

（2）营销2.0系统核查峰谷电价参数设置错误。

（3）营销2.0系统核查执行电价与计度器不匹配。

（4）营销2.0系统核查执行电价电压等级与计量点电压不一致。

（5）营销 2.0 系统核查分时电价执行错误客户基本信息。

（6）执行电价电压等级与计量点对应电源的供电电压不一致用户。

（7）用电类别和执行电价不一致用户。

（8）两部制用户基本电费选择不计算（剔除执行环保行业电价政策用户）。

（9）运行容量 315kVA 及以上大工业用电客户应执行但未执行分时电价（剔除行业分类为自来水厂、污水处理、电气化铁路）。

【政策依据】

外部政策依据：①《国家发展改革委关于调整销售电价分类结构有关问题的通知》（发改价格〔2013〕973 号）；②国家发展改革委办公厅关于完善两部制电价用户基本电价执行方式的通知（发改办价格〔2016〕1583 号）。

25. 高耗能客户电价执行异常

【核查规则】

超能耗电价应按照政府有权部门公布的高耗能企业名单对相关企业执行该类电价。

【核查方法】

根据营销 2.0 系统执行高耗能电价客户清单，及被检查单位提供的政府电价文件：

（1）检查是否存在应执行高耗能电价未执行的情况。

（2）检查系统中高耗能电价执行时间、特抄时间是否与电价文件执行一致，是否存在执行时间、执行电量有误导致高耗能电价执行不到位的情况。

（3）高耗能电价政策发布晚于执行时间产生退补的，需核实电量电费是否准确，退补流程是否合理规范。

26. 电费“虚拟户”

【核查规则】

（1）每月筛查营销 2.0 系统所有近 6 个月无电费发行记录或发行电费小于 500 元、存在预收余额超 10 万元的用户，判定为疑似电费虚拟户。

（2）预收余额查询大于 10 万元的，且筛选出近 6 个月无电费发行记录或发行电费小于 500 元的用户，筛选此类用户中单次预收余额变动超过 5 万元，或上一电费考核周期内预收余额变动次数超过 3 次的用户明细，展示预收变动次数以及预收余额变动总额（取绝对值）明细，剔除存在关联关系的用电客户、托收用电客户。

【核查方法】

通过系统内筛查预收互转客户，对于预收余额查询达 10 万元的，且筛选出近 6 个月无电费发行记录或发行电费小于 500 元的用户，筛选此类用户中单次预收余额变动超过 5 万元或上一电费考核周期内预收余额变动次数超过 3 次的客户，是否存在异常。

【政策依据】

内部制度依据：《国家电网有限公司电费抄核收管理办法》[国网（营销/3）273—2019]。

（三）账务管理

1. 解款撤还及到账撤还

【核查规则】

对解款撤还或者到账撤还记录进行稽查监控，每月筛查上一电费考核周期内发生过解款撤还或者到账撤还记录的用电客户，对解款撤还或者到账撤还记录进行稽查监控。

【核查方法】

通过解款撤还及到账撤还记录，系统内查询考核日后到账确认撤还用户清单，核实到账确认撤还真正原因，并确认目前是否到账确认，对已到账确认的核实对账单、银行流水等信息。

【政策依据】

内部制度依据：《国家电网有限公司电费抄核收管理办法》[国网（营销/3）273—2019]。

2. 陈欠电费台账混乱、呆坏账核销不合规

【核查规则】

核查以往年月的欠费客户清单，是否建立台账，客户交费后是否已销账。

【核查方法】

筛查系统内以往年月的欠费客户清单，是否已收费并进行销账。取证资料：陈欠电费客户台账。

【政策依据】

内部制度依据：各省公司合规出台的《电费回收考核管理办法》。

3. 发票管理混乱

【核查规则】

（1）检查发票开具、领取规范性，对于增值税普通发票，筛查营销2.0系统内开具普通发票的客户明细，是否体外开具、普票信息与营销2.0系统档案是否一致，不一致是否有相关三方协议支持。

（2）对于增值税专用发票，现场检查是否有客户领用记录，是否建立开票台账。营销部门在税控系统开具增值税专用发票时，必须严格按照营销系统中的数据来开具，开具前必须核对发票号、票面金额等，核对无误后方可开具发票。严禁擅自修改从营销系统导出的开票数据文本，对修改的数据建立台账，注明修改原因，并安排专人审批。

（3）开具增值税专用发票后，如发生销货退回、销售折让，增值税专用发票填开有误或无法认证等情况，原开票部门应报部门领导批准后方可作废、冲红或重新开具增值税专用发票。作废或冲红需要的材料为：从用户处收回的当月未抵扣认证的发票联和抵扣联、用户针对需作废发票的情况说明（加盖公章）。开具时发现有误的，可即时作废，并做台账登记。

（4）作废增值税专用发票须在营销系统内将相应的数据电文按“作废”处理，在纸质增值税专用发票（含未打印的增值税专用发票）各联次上注明“作废”，全联次留存。

（5）增值税专用发票冲红，具体如下：

1）用户取得增值税专用发票已用于申报抵扣的，用户可在国税增值税发票管理系统中填开并上传《开具红字增值税专用发票信息表》（以下简称《信息表》），在填开《信息表》时不填写相对应的蓝字增值税专用发票信息，应暂按《信息表》所列增值税税额从当期进项税额中转出，营销部门取得用户的《信息表》方可开具的红字增值税专用发票。

用户取得增值税专用发票未用于抵扣、但发票联或抵扣联无法退回的，用户填开《信息表》时应填写相对应的蓝字增值税专用发票信息。

营销部门开具增值税专用发票尚未交付用户，以及用户未用于申报抵扣并将发票联及抵扣联退回的，营销部门可在增值税发票管理系统中填开并上传《信息表》。营销部门填开《信息表》时应填写相对应的蓝字增值税专用发票信息。

2）主管税务机关通过网络接收纳税人上传的《信息表》，系统自动校验通过后，生成带有“红字发票信息表编号”的《信息表》，并将信息同步至纳税人端系统中。

3）营销部门凭税务机关系统校验通过的《信息表》开具红字增值税专用发票，在增值税发票管理系统中以销项负数开具。红字增值税专用发票应于《信息表》一一对应。

4）营销 2.0 系统上线前普通增值税发票已改为电子发票，由系统登记用户需求后自动开票，不再需要票据领取，所以不存在纸质发票。

【核查方法】

（1）通过营销 2.0 系统筛查增值税普通发票的开具与增值税开具信息是否一致，通过现场检查，对增值税专用发票是否具有领用记录，是否建立台账。

（2）比对增值税普通发票和增值税专用发票开票记录，核实是否存在同时开具增值税普通发票和增值税专用发票的客户。

（3）增值税专用发票记录中是否存在金额一致，名称一致的客户，在营销 2.0 系统内核查该户电量电费信息。

（4）“作废”发票应同时具备以下条件：

1）收到退回的发票联，抵扣联，且时间未超过销售方开票当月。

2）财务未抄税且未记账。

3）用户未认证，或者认证结果为“纳税人识别号认证不符”“增值税专用发票代码、号码认证不符”。

（5）红字增值税发票要求：

红字增值税专用发票应于《信息表》一一对应。

【政策依据】

内部制度依据：《国家电网有限公司电费抄核收管理办法》[国网（营销/3）273—2019]。

4. 预收费冲抵

【核查规则】

检查预收互转收费方式的客户，收费冲抵是否规范，每月筛查上一电费考核周期用电客户间存在预收费冲抵，且单次预收费冲抵金额超5万元的用电客户明细，并进行稽查监控。剔除用电客户名称一致、有关联标识、托收用电客户。

【核查方法】

每月筛查上一电费考核周期用电客户间存在预收费冲抵，且单次预收费冲抵金额超5万元的用电客户明细，并进行稽查监控（剔除用电客户名称一致、有关联标识、托收用电客户）。

【政策依据】

内部制度依据：《国家电网有限公司电费抄核收管理办法》[国网（营销/3）273—2019]。

5. 购电制合规性

【核查规则】

检查预收“冻结”是否规范，对余额“冻结”或近3个月账户余额未发生变化且电费正常发行的客户、账户余额大于10万元且账户余额高于近6个月月均电费150%的用电客户重点检查。

【核查方法】

营销2.0系统查询：

（1）通过预收余额查询中“冻结”客户明细，每月筛查营销2.0系统中用电客户账户余额及月度发行电费，对余额“冻结”或近3个月账户余额未发生变化且电费正常发行的客户、账户余额大于10万元且账户余额高于近6个月月均电费150%的用电客户进行稽查监控。

（2）剔除暂停用电客户或近 3 个月总电量 500kWh 以下用电客户。总部层面监控专变用电客户，省级稽查监控所辖全部用电客户。

【政策依据】

外部政策依据：《工商总局关于公用企业限制竞争和垄断行为突出问题的公告》（工商竞争字〔2016〕54 号）。

6. 存在跨考核周期冲正现象

【核查规则】

每月筛查营销 2.0 系统所有用电客户考核周期之后发生地冲正记录，冲正记录的收费时间为考核时间节点之前，且单笔冲正金额超过 1 万元（剔除当天发生冲正，但冲正金额在当天重新销账的用户）。

【核查方法】

通过营销 2.0 系统收费方式为“冲正”的收费记录，筛查营销 2.0 系统中冲正异常的客户，查看是否具有冲正支撑材料。

【政策依据】

内部制度依据：《国家电网公司电费抄核收工作规范》（国家电网营销〔2009〕475 号）。

7. 电费虚假实收

【核查规则】

每月筛查营销 2.0 系统所有用电客户考核周期之后发生的冲正记录，冲正记录的收费时间为考核时间节点之前，且单笔冲正金额超过 1 万元（剔除当天发生冲正，但冲正金额在当天重新销账的用户）或使用支票交费，一年出现 3 次以上退票客户。

【核查方法】

通过营销 2.0 系统收费方式为“冲正”的收费记录，检查冲正原因；通过营销 2.0 系统查看支票退票的客户清单，核实频繁退票原因。

【政策依据】

内部制度依据：《国家电网有限公司电费抄核收管理办法》[国网（营销 /3）273—2019]。

8. 电费催费管理不规范

【核查规则】

通过 95598 工单核查：

（1）客户联系信息不正确，导致发生电费催交通知单错贴、电费通知短信错发、停电错通知等问题。

（2）停电通知不到位的情况下，对客户进行欠费停电操作，造成供电服务事件。

【核查方法】

通过查看营销 2.0 系统停电规则，以及核查 95598 工单获取线索。根据线索通过线下核查、电话回访的方式检查是否存在电费催收不规范情况。

【政策依据】

内部制度依据：《国家电网有限公司电费抄核收管理办法》[国网（营销 /3）273—2019]。

9. 电费违约金损失

【核查规则】

违约金计收规则与营销 2.0 系统是否一致，暂缓、退还流程是否配置，是否设置审批，暂缓原因是否符合《国家电网公司抄核收管理办法》中列明的 7 项暂缓原因。通过查看营销 2.0 系统筛查违约金计收规则与营销 2.0 系统是否一致，暂款、退还流程是否配置，是否设置审批。纸质材料的暂缓、退还原因与系统是否一致。

【核查方法】

通过查看营销业务系统筛查违约金计收规则与营销 2.0 系统是否一致，暂款、退还流程是否配置，是否设置审批。纸质材料的暂缓、退还原因与系统是否一致。

【政策依据】

外部政策依据：《供电营业规则》（国家发改委令 2024 年第 14 号）。

内部制度依据：《国家电网有限公司电费抄核收管理办法》[国网（营销 /3）273—2019]。

10. 销户用户余额未清

【核查规则】

客户销户流程归档 2 个月后，客户档案预收余额大于 0 元。

【核查方法】

通过查看营销 2.0 系统筛查客户销户流程归档 2 个月后，客户档案预收余额大于 0 元的客户（各省自行确定阈值）。

【政策依据】

内部制度依据：《国家电网有限公司电费抄核收管理办法》[国网（营销 /3）273—2019]。

11. 实收在途超 5 万元

【核查规则】

筛查营销 2.0 系统所有未做到账确认操作且收费日期距离稽查规则取数日期大于 5

天的用户，剔除趸售用户，进行稽查监控。

【核查方法】

通过筛查营销 2.0 系统所有未做到账确认操作且收费日期距离稽查规则取数日期大于 5 天的用户。

【政策依据】

内部制度依据：《国家电网有限公司电费抄核收管理办法》[国网（营销 /3）273—2019]。

12. 手工录入对账单

【核查规则】

（1）每月展示上一电费考核周期内的手工录入对账单、金额超过 10 万元、已做到账确认、交费方式为柜台坐收且结算方式不为现金的用电客户明细及银行回单付款方信息。

（2）系统内查询今年单户单笔应收电费对应 2 笔及以上手工录入的对账单明细，核实录入的对账单的真实性（需核对并排除每月分次划拨用户）。

【核查方法】

通过查看营销 2.0 系统筛查手工录入对账单、金额超过 10 万元、已做到账确认、交费方式为柜台坐收且结算方式不为现金的用电客户明细及银行回单付款方信息。

取证材料：银行回单。

【政策依据】

内部制度依据：《国家电网有限公司电费抄核收管理办法》[国网（营销 /3）273—2019]。

13. A 销 B 账

【核查规则】

每月筛查上一电费考核周期内已做到账确认、交费方式为柜台坐收但结算方式不为现金的用电客户名称，与到账确认后的银行回单的付款方名称进行比对，对名称不一致的情况进行稽查监控。

【核查方法】

通过查看营销 2.0 系统考核周期内已做到账确认、交费方式为柜台坐收但结算方式不为现金的用电客户名称，与到账确认后的银行回单的付款方名称进行比对，对名称不一致的情况。

取证材料：银行回单。

【政策依据】

内部制度依据：《国家电网有限公司电费抄核收管理办法》[国网（营销/3）273—2019]。

14. 超大金额承兑汇票异常

【核查规则】

每月筛查营销2.0系统所有用电客户上一电费考核周期内银行承兑汇票收费数据，对单条收费金额超1千万元的明细进行稽查监控。

【核查方法】

通过查看营销2.0系统筛查用电客户上一电费考核周期内银行承兑汇票收费数据，对单条收费金额超1千万元的明细。

【政策依据】

内部制度依据：《国家电网有限公司电费抄核收管理办法》[国网（营销/3）273—2019]。

15. 商业承兑汇票

【核查规则】

每月筛查营销2.0系统所有用电客户上一电费考核周期内承兑汇票收费数据，对承兑汇票类型为商业承兑汇票的明细进行稽查监控。

【核查方法】

通过查看营销2.0系统用电客户上一电费考核周期内承兑汇票收费数据，对承兑汇票类型为商业承兑汇票的明细。

【政策依据】

内部制度依据：《国家电网有限公司电费抄核收管理办法》[国网（营销/3）273—2019]。

16. 电费频繁退费

【核查规则】

每月筛查上一电费考核周期内发生3次及以上电费退费情况的用电客户，并进行稽查监控。

【核查方法】

通过营销2.0系统每月筛查上一电费考核周期内发生3次及以上电费退费情况的用电客户，落实退费原因。

【政策依据】

内部制度依据：《国家电网有限公司电费抄核收管理办法》[国网（营销/3）273—

2019]。

17. 解款超期

【核查规则】

每月筛查营销 2.0 系统上一电费考核周期内所有交费方式是坐收、结算方式是现金、收费后 24h 之内未解款的收费记录，并进行稽查监控。

【核查方法】

通过营销 2.0 系统筛查解款记录查询，结合现场检查核查现金盘点表，落实解款超期原因。

【政策依据】

内部制度依据：《国家电网有限公司电费抄核收管理办法》[国网（营销/3）273—2019]。

三、计量采集稽查

（一）计量现场作业风险

1. 计量装接安全管控不到位

【核查规则】

（1）工作票或现场作业工作卡缺失、填写不规范、未有效执行等导致安全风险。

（2）在进行电能表现场装接等工作时，因工作票或现场作业工作卡表述不清、人员注意力不集中、标志不清晰、监护不力等因素导致作业人员误碰带电设备。

（3）现场带电更换电能表时，电流互感器二次开路，产生高电压危及人身与设备安全。

（4）现场装接电能表时，发生电压回路短路或接地，造成作业人员触电。

（5）在现场装接互感器、电能表、终端等工作时，未断开线路上的所有电源隔离点，存在向作业地点反送电的可能。

（6）营销工作人员超越职责范围，擅自对客户设备进行拉闸、操作开关柜等工作。

【核查方法】

（1）营销 2.0 系统中抽查业扩、轮换、故障处理等涉及计量装置装接工单流程中是否上传计量装接现场工作。

（2）对上传的计量装接现场工作票检查安全措施中停电措施，保留带电部位，危险点监控，现场工作人员签字确认等项目是否齐全和正确。

（3）检查现场安全风险管控系统的相关工作项目中是否有人现场监督施工作。

（4）检查现场安全风险管控现场终端 App 程序中上传照片是否有监督人员。

【政策依据】

内部制度依据：①《国家电网公司计量标准化作业指导书 装拆与运维分册》；②《国家电网有限公司营销现场作业安全工作规程（试行）》（国家电网营销〔2020〕480号）。

2. 计量装接质量不合格

【核查规则】

（1）未按照装接工单要求安装正确的计量装置。

（2）电能表与互感器接线错误。

（3）现场计量装接工艺不规范。

（4）现场工作信息获取不全或者记录错误。

（5）计量装置封印缺失。

【核查方法】

（1）现场检查计量装置接线，主要检查电流极性不能反接，电压与电流同相。

（2）在用电信息采集系统中检查电流不平衡情况，对偏差较大者现场进行核实，检查计量接线盒联片是否处于正确位置。

（3）在用电信息采集系统中检查失压和失流事件，对应检查系统中该电能表事件前后变化，并通过现场核实。

（4）现场检查计量装置装接工艺质量，要求电能表、采集终端应牢固、垂直安装，挂表螺栓和定位螺栓均应拧紧，中心线向各方向的倾斜不大于1°；导线敷设应做到横平竖直、均匀、整齐、牢固、美观，导线转弯处留有一定弧度，并做到导线无损伤、无接头、绝缘良好；计量柜（箱）外壳、接地母线、PE接地点应采用编织铜线或多股铜芯黄绿双色导线可靠接地，双色导线截面积不小于16mm^2。

（5）对安装信息相关录入项中异常项，如低压互感器倍率不为整数，高压互感器电压与运行电压不对应，互感器倍率明显高于变压器适用倍率等情况，现场进行核实。

（6）现场核实互感器运行变比、电能表额定技术参数，与营销2.0系统中相关计费信息进行核对，要求互感器变比一致、电能表技术参数一致，资产编号正确。

（7）对营销2.0系统中存在套扣关系的，现场检查套扣接线是否正确，以及父表信息是否正确，资产编号正确，接线关系正确。

（8）现场检查计量装置“三封一锁”运行情况。

【政策依据】

内部制度依据：①《国家电网公司计量标准化作业指导书》（营销综〔2020〕67号）；②《国家电网有限公司营销现场作业安全工作规程（试行）》（国家电网营销〔2020〕

480 号）。

3. 更换业务不规范

【核查规则】

（1）同一计量点一年内存在多次换表的情况。

（2）更换计量装置事前不通知客户停电信息，事后不告知客户更换计量装置信息。

（3）更换工作完成后现场接线错误。

（4）更换工作完成后，出现电压回路断相或电流回路不通情况。

（5）更换计量装置工作完成后，联合接线盒改动的联片未恢复到原来的运行位置。

（6）更换计量装置后，对现场计量装置的表码记录不准确，或者在后期更动表码的情况。

（7）更换计量装置工作中拆除原有的“三封一锁”后未恢复或恢复不全。

【核查方法】

（1）抽查一年内 3 次及以上多次换表或两次换表间隔小于一个月的用户，逐户分析换表原因，检查是否存在利用电能表更换遮掩安装错误问题，调整线损问题及电费差错问题。

（2）抽查表计轮换现场，检查批量换表前是否在村委、小区或单元提前 7 天进行换表公告，换表通知单的停电日期是否控制在 2 天范围内；抽查表计轮换现场或装接单，检查是否张贴换表示数告知书，或计量装接单底度是否经用户签字确认。

（3）抽查表计轮换现场，检查表计更换现场接线是否正确。

（4）检查用电信息采集系统中失压和失流异常事件，是否与更换计量装置关联，是否存在近期表计轮换或者其他换表情况。

（5）检查用电信息采集系统中更换计量装置后电流是否存在异常减小或者不平衡现象，并到现场进行核实。

（6）检查拆下表计实物或照片，检查营销 2.0 系统录入的拆表底度是否与表计实物底度保持一致。

（7）抽查表计轮换现场，现场检查计量装置更换完成后现场“三封一锁”是否恢复。

【政策依据】

内部制度依据：①《国家电网公司计量标准化作业指导书》（营销综〔2020〕67 号）；②《国网公司供电服务十项承诺》（国家电网办〔2022〕336 号）第十条。

4. 计量器具配置不合理

【核查规则】

（1）不同类别客户电能计量装置准确度等级不能减低。

（2）计量用电流互感器变比配置过大。

（3）计量用电流互感器变比配置过小或客户负荷电流经常超过客户使用的直通式电能表的最大工作电流。

【核查方法】

（1）按照《电能计量装置技术管理规程》（DL/T 448—2016）要求，五类计量装置所使用的电能表和互感器，准确度等级不能低于该规程表 1 要求，抽取五类用户各三个客户，查看营销 2.0 系统中计量装置准确等级是否符合要求。

（2）确定电流互感器额定一次电流，应保证在正常运行中的实际负荷电流达到额定值的 60% 左右，只是不应低于 30%，抽取高低压客户各 5 户，检查变压器容量或负荷容量，查看电流互感器变比，查看用电信息采集系统中该户正常用电情况下的负荷电流与互感器额定一次电流比对，检查互感器变比是否配置合理，过大则应整改减小变比。

（3）抽取营销 2.0 系统中使用直通式电能表计量的低压客户、带电流互感器计量的低压客户、高压计量客户各 3 户，检查用电信息采集系统中电流曲线数据，对使用直通式电能表计量的低压客户，查看是否出现三个连续两个整点大于客户直通表额定容量的情况；对高低压带电流互感器计量客户，查看是否出现三个连续两个整点负荷电流大于电流互感器额定一次电流值的情况，以此判断是否计量表或互感器超容。

【政策依据】

外部政策依据：①《电能计量装置技术管理规程》（DL/T 448—2016）；②《供电营业规则》（国家发改委令 2024 年第 14 号）。

5. 计量设备主人制管理不规范

【核查规则】

（1）设备主人更换不规范。

（2）设备主人对计量装置巡视检查不规范。

（3）设备主人对计量设备缺陷管理不规范。

【核查方法】

（1）核查计量装置的设备主人是否与审批人员一致。

（2）计量装置主人巡视检查后对计量装置运行检查现场登记表进行填写，检查每次巡视后的填写记录。

（3）检查计量设备巡视时间和照片上传营销 2.0 系统时间、缺陷定级情况。要求计量设备主人现场巡视发现的缺陷及各类照片应在 3 个工作日内上传，涉及运行安全的应在 1 个工作日内完成上传，特别紧急的应立即报修。营销人员通过营销 2.0 系统对缺陷信息和照片确认缺陷，进行定级。

【政策依据】

内部制度依据：《国家电网有限公司低压用户电能计量装置设备主人制管理办法》［国网（营销/3）958—2019］。

6. 现场检验不合规

【核查规则】

（1）校验仪未定期送检。

（2）未刚性执行周期校验计划。

（3）检验数据不合规处理措施。

【核查方法】

（1）现场检查标准校验仪的送检合格证明材料。

（2）检查营销 2.0 系统中电能表、互感器周期检验计划完成情况，首次检验发起和完成情况，电压互感器二次压降测试及电流、电压回路二次负荷测试完成情况，检查现场检验的数据录入是否规范、全面。

（3）检查现场检验的电能表误差超差是否在 3 个工作日更换，高压互感器超差是否在下次主设备检修完成前更换或改造，电压互感器二次压降测试超差及电流、电压回路二次负荷测试超差是否在 1 个月内完成整改，检查设备检验日期和更换工单归档日期。

（4）对于计费电能表、互感器误差超差，以及电压回路二次压降超差，检查是否按照《供电营业规则》规定要求发起电费退补流程以及计算依据是否符合要求。

【政策依据】

外部政策依据：《电能计量装置技术管理规程》（DL/T 448—2016.8.3）。

7. 计量装置故障处理不规范

【核查规则】

（1）故障表更换不能利用其他工单流程进行处理，要触发计量装置故障流程。

（2）电能表发生过负荷烧表、短路烧表等故障抢修时未能在 24h 内完成电能表更换。

（3）计量人员更换电能表后，未在 1 个工作日内传递业务工单通知客户服务中心，影响后续电费补退工作时限。

【核查方法】

（1）对于查改类等非计量故障换表流程，检查流程申请原因或申请备注中是否存在“故障”“表坏”等表计故障字样，核查是否存在以改类等流程代替计量装置故障流程进行换表的情况。

（2）抽查计量故障抢修工单、计量装置故障流程、用电信息采集系统表计日抄表数据，比对三者时间，检查是否存在故障表计换表处理不及时的情况。

（3）抽查计量装置故障流程，检查备注“表计飞走”“错接线”“互感器烧毁”等字样的用户是否发起相应的电费退补流程。

【政策依据】

外部政策依据：《供电营业规则》（国家发改委令2024年第14号）。

内部制度依据：《国家电网公司电能计量故障、差错调查处理规定》[国网（营销/4）385—2014]。

8. 计量异常处理不规范

【核查规则】

（1）计量异常处理是否及时。

（2）计量异常退补是否规范。

【核查方法】

（1）抽查用电信息采集系统计量异常处理情况，检查计量异常发生至处理恢复的时限，是否存在超过14天规定时限的情况。

（2）抽查影响用户电量计量准确性的计量异常处理程，如二次侧的电压缺相、电流失流等，后续是否对用户发起电费退补流程。

【政策依据】

外部政策依据：《供电营业规则》（国家发改委令2024年第14号）。

9. 表计与电压等级、用户类型不匹配

【核查规则】

（1）检查高压供电低压计量不同负荷情况下选取表计是否合适。

（2）检查高压供电高压计量时，不同接线方式选用表计是否正确。

（3）检查9类电能计量装置、计量单机容量100MW及以上发电机组上网贸易结算的电能计量装置和电网企业之间的购销电量的110kV及以上电能计量装置，是否配置型号、准确等级相同的计量有功电量的主副两只电能表。

【核查方法】

（1）优先关联近7天计量在线监测与智能诊断分析的异常，抽查10户低压用户，10户高供低计客户，检查客户计量表计，检查客户用电信息采集系统中日常用电负荷电流，比对是否出现表计匹配不合理情况。

（2）优先关联近7天计量在线监测与智能诊断分析的异常，抽取不同电压等级高压客户各3户，检查计量装置配置情况，查看是否存在2台电流互感器使用三相四线高压表计量情况，是否存在三相三线高压表存在三台资产编号不同的电流互感器，检查变比是否与型号匹配，检查是否与实际接线相同。

（3）调取所有9类电能计量装置，查看主副电能表参数信息，查看是否有计量装置故障，现场查看追补电量依据是否符合要求。

【政策依据】

外部政策依据：《电能计量装置技术管理规程》（DL/T 448—2016）等文件。

10. 高负损台区治理

【核查规则】

一体化电能量管理与线损分析系统中台区线损率大于7%且线损电量大500kWh/日（台区线损率阈值应按照总部口径设置，或根据各省网需求自行设置）。

【核查方法】

（1）调阅台区线损管理相关资料，检查管理规定、机制是否完备，分析报告等工作材料是否齐全。

（2）系统查看线损治理情况。

【政策依据】

内部制度依据：《国家电网公司线损管理办法》[国网（发展/3）476—2014]。

（二）采集运维

1. 采集异常分析不准确

【核查规则】

（1）采集、计量设备运行管理制度落实不到位。

（2）采集异常设备故障原因不清楚。

（3）采集设备质量是否可靠，是否支持信息采集全功能。

（4）是否存在采集数据造假行为。

【核查方法】

（1）在用电信息采集系统中检查多日未采集的异常明细，对变压器采集失败终端离线设备，核对营销2.0系统中是否存在暂停申请，若有则检查终端没有办理停运问题，若无则现场落实停电原因。

（2）在用电信息采集系统中检查一段时间内所有采集异常设备厂家，检查是否有同一厂家设备集中出现采集异常情况，是否占比较大，落实原因是否为采集设备厂家质量问题。

（3）检查用电信息采集系统全量采集异常，对偏低的数据项检查是否问题出现在同一采集设备厂家，该设备是否支持全量数据采集功能，出现问题是否可以升级。

（4）结合用电信息采集系统中经常操作终端明细，现场落实用电信息采集系统中采集数据与现场实际数据是否符合。

【政策依据】

内部制度依据：《国家电网公司用电信息采集系统运行维护管理办法》[国网（营销/4）278—2018]。

2. 采集异常处置不合规

【核查规则】

（1）因为计量装置故障引起的采集异常是否及时更换计量装置，使采集恢复正常。

（2）采集异常造成抄表示数错误，没有对少抄电量进行追补，对多抄电量进行退回。

【核查方法】

（1）抽查10天用电信息采集系统采集异常消除时间和营销2.0系统更换计量装置时间，查看是否更换及时。

（2）检查采集影响抄表表码时的电费退补工单，确保电费及时、准确收取。

【政策依据】

内部制度依据：①《国家电网有限公司营销专业标准化作业指导书》；②《国家电网公司用电信息采集系统运行维护管理办法》[国网（营销/4）278—2018]。

（三）资产管理

1. 仓储配送不规范

【核查规则】

（1）抽查二级和三级库房，查看实物、台账和系统数据三者是否一致。

（2）现场检查供电所库房是否按照《计量周转柜技术规范》配置周转柜。

（3）计量库房内资产放置是否符合规定要求。

（4）检查计量资产出入库手续是否按规定登记齐全。

（5）检查计量资产配送出库时间至配送入库时间是否超过5个工作日。

【核查方法】

（1）抽查二级和三级库房，按类别、按资产状态检查计量资产器具实物数量，是否与台账信息、营销2.0系统记录的库存数量保持一致。

（2）现场检查供电所库房是否按照《计量周转柜技术规范》配置周转柜。

（3）是否严格按照库房存放管理要求放置计量设备，是否存在乱堆放现象。

（4）检查计量资产出入库手续是否按规定登记齐全。

（5）检查计量资产配送出库时间至配送入库时间不超过5个工作日。

【政策依据】

内部制度依据：①《国家电网公司计量自动化生产系统建设和运维管理办法》；

②《国家电网公司计量资产全寿命周期管理办法》[国网(营销/4)390—2022];③《计量周转柜技术规范》。

2. 拆回利旧不规范

【核查规则】

(1)分拣检测流程是否规范。

(2)直接利旧资产及部分利旧资产是否达到现场应用条件。

【核查方法】

(1)经分拣检测合格，如外观清洁、功能完整且无电池失压、时钟超差风险的拆回设备，是否检定合格后安装再利用。

(2)经返厂维修、检定合格后的计量设备，是否重新补充更换必要的螺丝、封印，张贴合格证后重新入库使用。

(3)经分拣后，计量设备整体符合报废条件，在报废处置前，是否对相对独立、功能良好的元器件进行拆除，并分类存放，做备品备件继续使用。

【政策依据】

内部制度依据:《国家电网有限公司计量资产全寿命周期管理办法》[国网(营销/4)390—2022]。

3. 电能表拆回管理

【核查规则】

(1)排查是否存在养表情况。

(2)拆回表计表码录入是否准确。

【核查方法】

(1)重点检查是否存在“养表”情况。抽取电能表采集示数3个月不变的电能表明细清单;对示数不变、电能表数量较多的供电所开展现场检查，核实是否存在运行电能表挂接在供电所的情况。

(2)拆回电能表封印，并抄录表底(拍照)，将表底电量示值录入营销2.0系统中。入库表计按故障拆回、非故障拆回、拆回时间等开展库存分类管理。

【政策依据】

内部制度依据:《国家电网公司电能表拆回分拣管理办法》[国网(营销/4)897—2018]。

4. 辅助计量设备拆回管理

【核查规则】

(1)计量互感器、终端等拆回后是否存在直接报废情况，未能充分利旧。

（2）辅助计量设备拆回后保存周期是否符合时限要求。

【核查方法】

（1）抽查供电所拆回辅助计量设备处理情况。

（2）检查辅助计量设备有无按规定拆回利旧。

（3）检查辅助计量设备报废流程是否合规。

【政策依据】

内部制度依据：《国家电网公司计量资产全寿命周期管理办法》[国网（营销/4）390—2022]。

5. 报废处置不规范

【核查规则】

（1）抽查计量资产报废审批流程手续是否齐全。

（2）检查是否存在计量资产超3个月未报废的情况。

（3）抽查已报废的计量资产，检查是否存在非正常报废资产。

【核查方法】

（1）抽查计量资产报废审批流程，查看营销、财务和物资部门的审批手续是否齐全。

（2）抽查拆回待退和待分流等状态的表计，检查是否存在计量资产超6个月未报废的情况。

（3）抽查已报废的计量资产，检查是否存在运行时间少于2年且非质量问题、非烧表原因故障的已报废产。

【政策依据】

内部制度依据：《国家电网公司计量资产全寿命周期管理办法》[国网（营销/4）390—2022]。

（四）实验室工作

1. 表计申请校验业务不规范

【核查规则】

（1）推诿搪塞怠慢客户校验诉求，客户电能表校验申请未能及时处理。

（2）电能表校验是否按照规定进行，是否符合《供电营业规则》2024年6月1日起施行中的规定。

（3）电能表校验是否收取费用，费用收取是否准确，是否向客户解释清楚。

（4）抽查电能表是否按照规定向客户进行电费退补流程，流程是否规范、金额是否准确。

【核查方法】

（1）抽查电能表申请校验流程，检查从申校受理至检定处理结果告知时限是否超过5个工作日，如为第三方检定的流程，是否有相关证明资料。

（2）抽查电能表申请校验流程，检查申请校表费用收退情况，业务受理是否收取申请校表费。

（3）抽查电能表计量准确性检定结论为不合格时，如表计误差是否对用户发起相应的电费退补流程。

【政策依据】

外部政策依据：①《供电营业规则》（国家发改委令2024年第14号）；②《财政部国家发改委关于清理规范一批行政事业性收费有关政策的通知》（财税〔2017〕20号）。

2. 实验室检定不合规

【核查规则】

（1）计量标准器具周检计划及时送检，超周期或不合格的计量标准器具不得使用。

（2）使用计量标准器具进行检定时，是否严格按照使用说明书及操作规程进行。

（3）所有计量标准器具是否都应加以标识，并表明其状态，标识是否准确。

（4）计量标准器具的主标准器具是否按量值传递图规定，执行定期定点的原则。

（5）实验室是否按季度制定出计量标准器具及主要配套设备的检定/校准计划，报实验室负责人审批后实施。

（6）检定/校准计划是否详细列出每一计量器具的检定/校准周期、检定单位、计划送检日期及实际检定日期、检定结果等详细信息。

（7）对于检定合格的仪器，是否按照计量检定规程规定出具“检定证书”“检定合格证”或加盖检定合格印；经检定不合格的测量设备，是否出具“检定结果（不合格）通知书”，并注明不合格项目。

【核查方法】

（1）检查强制检定的计量标准器具，是否严格按计量标准器具周检计划及时送检，超周期或不合格的计量标准器具不得使用。

（2）检查每套计量标准器具是否具备正确规范的量值传递系统图和操作规程。在使用计量标准进行检定时，是否严格按照使用说明书及操作规程进行。

（3）检查所有计量标准器具是否都应加以标识，表明其状态。标识的内容必须根据台账和证书进行填写。该标识是唯一的，以确保无论因何种原因设备被替换时的可追溯性。

（4）检查计量标准器具的主标准器具是否按量值传递图规定，执行定期定点的原则。对计量标准器具的有效性和准确性有影响的测量设备，投入使用前必须确保其可追溯到国家计量基准。

（5）检查实验室是否按季度制定出计量标准器具及主要配套设备的检定 / 校准计划，报实验室负责人审批后实施。检定 / 校准计划应详细列出每一计量器具的检定 / 校准周期、检定单位、计划送检日期及实际检定日期、检定结果等详细信息。

（6）对于检定合格的仪器，检查是否按照计量检定规程规定出具“检定证书”“检定合格证”或加盖检定合格印；经检定不合格的测量设备，出具“检定结果（不合格）通知书”，并注明不合格项目。凡按非检定规程规定的技术标准、技术条件或校准方法进行的测试、比对等均出具校准证书。

【政策依据】

外部政策依据：《计量检定印、证管理办法》（[87] 量局法字第 231 号）。

内部制度依据：《国家电网公司计量工作管理规定》[国网（营销 /3）388—2022]。

3. 电能表拆回分拣不规范

【核查规则】

（1）拆回电能表退库地市、区县供电企业或省计量中心后按规定完成设备分选。

（2）分选完成后的电能表是否按规定要求进行分类处理。

（3）分选后待检测的电能表是否按规定完成分拣检测。

（4）地市、区县供电企业或省计量中心是否按要求完成分拣检测后拆回电能表的分拣处置分析。

【核查方法】

（1）检查拆回电能表退库地市、区县供电企业或省计量中心后是否在 5 个工作日内完成设备分选。分选出的故障损坏，不具备上电检测条件的拆回电能表是否拍照留档，作为资产报废技术鉴定的依据。分选出的具备上电检测条件的拆回电能表，是否按检测需要，完成设备清洁、补上螺丝等分拣检测前的准备工作。

（2）检查分选后待检测的电能表是否在 5 个工作日内完成分拣检测。分拣检测是否使用符合公司技术标准的检测装置开展，分拣检测方案应覆盖公司分拣检测要求的标准化试验项。

（3）检查地市、区县供电企业或省计量中心是否在 2 个工作日内，完成分拣检测后拆回电能表的分拣处置分析。

【政策依据】

内部制度依据：《国家电网公司电能表拆回分拣管理办法》[国网（营销 /4）897—2018]。

（五）计量档案管理不规范

1. 系统档案与现场不一致

【核查规则】

（1）同一终端接带电能表所属台区是否超过 2 个。

（2）核查表计通信地址与电能表资产编号是否一致。

（3）互感器变比系统与现场是否一致。

（4）检查营销 2.0 系统推送的巡检仪档案信息是否与用电信息采集系统一致。

【核查方法】

（1）后台抽取同一终端下所接电能表所属台区超过两个的清单明细。排除台区间载波信号串扰情况，分析电能表、终端及台区设备在系统内的安装地址匹配度情况。抽取问题用户进行现场检查，特别是所属台区的地址相隔较远的数据。现场核实同一终端下电能表的实际台区归属，确认是否人为调整电能表挂接关系。

（2）系统抽取表计通信地址与电能表资产编号不一致的电能表明细。用电信息采集系统核查终端参数配置情况，核查表计抄表数据是否长期不变。现场检查电能表实际运行情况、终端实际的抄表情况，判断设备是否故障或是存在人为调整采集成功率问题。

（3）结合台区线损情况，查看互感器变比是否与现场一致。

（4）通过查询用电信息采集系统，导出安装回路状态巡检仪列表，应绑定相应回路电能表，具备完整的档案信息，互感器变比等信息，检查营销 2.0 系统推送的巡检仪档案信息是否与用电信息采集系统一致。

【政策依据】

内部制度依据：《国家电网公司计量资产全寿命周期管理办法》［国网（营销/4）390—2014］等文件。

2. 留档资料管理不规范

【核查规则】

（1）拆回计量设备是否拍照留档，拍照是否清晰，电能表底度数是否和系统一致，有关客户签字的资料保存是否完整。

（2）变电站、公配计量装置出厂报告、试验报告是否齐全。

【核查方法】

实地抽取个别供电所，检查供电所内部计量类资料的存档情况。

【政策依据】

内部制度依据：①《电能计量装置技术管理规程国家电网公司计量资产全寿命周期管理办法》（DL/T 448—2016）；②《国家电网公司计量资产全寿命周期管理办法》［国

网（营销 /4）390—2022］。

四、用电检查稽查

（一）重要用户管理

1. 重要客户认定不规范

【核查规则】

重要客户没有按照标准进行正确的认定：

（1）管理国家事务工作中特别重要，中断供电将危害国家安全的用户未认定为特级重要用户。

（2）中断供电可能直接引发人身伤亡，造成严重环境污染，发生中毒、爆炸或火灾，造成重大政治影响，造成重大经济损失，或造成较大范围社会公共秩序严重混乱的用户未认定为一级重要用户。

（3）中断供电可能造成较大环境污染、造成较大政治影响、造成较大经济损失、造成一定范围社会公共秩序严重混乱的用户未认定为二级重要用户。

【核查方法】

（1）系统内抽查各单位重要客户与政府文件要求是否一致。

（2）现场核查各单位重要用户与实际是否一致。

【政策依据】

外部政策依据：《重要电力用户供电电源及自备应急电源配置技术规范》（GB/T 29328—2018）。

2. 重要用户电源配置不规范

【核查规则】

（1）特级重要电力用户配置少于三路电源，或者三路电源来自相同变电站。

（2）一级重要客户配置两路电源，或者两路电源来自相同变电站。

（3）二级重要客户未采用双回路供电方式。

（4）重要电力用户均应配置自备应急电源，电源容量至少应满足全部保安负荷正常启动和带载运行的要求。

【核查方法】

系统内抽查或现场核查重要客户电源配置是否合理，是否按要求配置应急电源。

【政策依据】

外部政策依据：《重要电力用户供电电源及自备应急电源配置技术规范》（GB/T 29328—2018）。

3. 重要用户运行管理不规范

【核查规则】

（1）检查计划未按要求时限录入（发起），或存在月度检查计划、专项检查计划缺失等情况。

（2）“服务、通知、报告、督导”四到位的工作要求落实不到位。

（3）特级、一级重要客户没有按照标准每3个月至少检查1次，二级重要客户没有按照标准每6个月至少检查1次。

（4）客户存在隐患时没有及时告知，未出具限期整改告知书；限期整改告知书中信息不全。

（5）未规范开展隐患报备，对于客户的供电电源和自备应急电源配置不到位等可能导致电力中断的用电安全缺陷隐患，未按季度向政府主管部门函报，并向国网营销部报备。

（6）未履责对高危及重要客户缺陷隐患进行整改督导，未建立缺陷隐患台账管理制度。

（7）未按照“一户一案”的原则，制定高危及重要客户保电预案，或事故应急措施不到位，未配合客户开展应急演练。

【核查方法】

（1）系统内抽查检查计划是否按照要求时限录入或是否存在月计划缺失等情况。

（2）系统内抽查资料是否上传完整及上传资料是否正确；户号、单位名称与系统内是否一致；是否有检查结果；是否有签署日期以及签署日期是否与实际日期相符；是否按照规定模板填写并上传限期整改告知书。

（3）系统内查看是否下达限期整改告知书；限期整改告知书中单位名称、隐患内容告知、盖章、签署日期是否齐全。

（4）查阅缺陷隐患台账及报备记录资料。

【政策依据】

内部制度依据：①《国家电网有限公司业扩供电方案编制导则》（Q/GDW 12259—2022）；②《国家电网公司关于高危及重要客户用电安全管理工作的指导意见》（国家电网营销〔2016〕163号）。

4. 重要用户档案不完善

【核查规则】

（1）重要用户户号、户名、联系信息、设备档案等基本信息缺失或不正确。

（2）已剔除的重要客户档案没有在系统中删除或新增重要客户档案未录入系统。

【核查方法】

现场核查营销 2.0 系统中重要客户信息是否与实际一致。

【政策依据】

内部制度依据:《国家电网公司关于高危及重要客户用电安全管理工作的指导意见》(国家电网营销〔2016〕163 号)。

(二)现场检查管理

1. 用电检查不规范

【核查规则】

(1)现场检查着装不规范。

(2)没有携带安全工器具及设备仪器。

(3)安全工器具不在合格有效期内。

(4)用电检查人员到现场没有出示有效证件。

(5)用电现场检查时,用电检查人员没有达到两人及以上,代替客户操作客户设备。

(6)《用电检查工作单》填写内容不完整或不正确,《用电检查整改通知书》(填写)不规范。

【核查方法】

(1)系统是否上传现场照片或录像、有关文件、资料档案记录。

(2)核查《用电检查工作单》客户是否签字确认。与《用电检查整改通知书》内容是否完整、正确,《用电检查整改通知书》客户是否签字盖章确认。

(3)工单中现场情况描述填写是否规范。

(4)通过现场走访方式对用电检查现场作业人数、着装、工器具配备等是否规范进行稽查。

(5)系统资料档案与纸质文件资料是否一致。

【政策依据】

外部政策依据:《中华人民共和国电力法》。

2. 缺陷隐患管控不到位

【核查规则】

(1)没有合理制定检查周期,并及时发现各类供用电隐患。

(2)没有编制专项检查计划,确定专项检查时间,进行现场检查。

(3)没有收集客户基础信息、供用电合同、调度协议、自备应急电源信息、客户电气设备清单、客户高压受电设备试验报告、继电保护设备试验报告、保护整定值报告等相关资料。

（4）没有将用电检查结果通知书反馈客户。

（5）没有督导客户在规定的期限内进行整改。

【核查方法】

调取系统检查记录查看是否符合要求，核查纸质资料规范性、完整性和准确性。现场核查用户用电安全隐患是否按要求整改到位。

【政策依据】

内部制度依据：《国家电网公司关于高危及重要客户用电安全管理工作的指导意见》（国家电网营销〔2016〕163号）。

（三）供用电合同管理

1. 未与客户签订供用电合同或合同超过有效期

【核查规则】

（1）高压用户供用电合同有效期超过5年，且未约定期满后双方无异议合同自动延续的附条件。

（2）临时用户供用电合同有效期超过3年。

（3）低压非居民供用电合同有效期超过10年，且未约定期满后双方无异议合同自动延续的附条件。

（4）委托转供电用户供用电合同有效期超过4年。

【核查方法】

系统内检查已到期供用电合同，检查是否及时进行续签、重签，或合同约定自动延续条款，签订的合同是否经用户签章生效。

【政策依据】

外部政策依据：《中华人民共和国合同法》。

内部制度依据：《国家电网公司供用电合同管理细则》［国网（营销/4）393—2014］。

2. 合同签订的主体不合法或合同有效性存在问题

【核查规则】

（1）高压、低压、临时用电和居民客户供用电合同使用合同类型与用户类别不一致。

（2）高压、低压、临时用电和居民客户供用电合同应用合同模板不正确。

（3）合同填写内容不规范，产权分界点、用电容量、供电方式、计量方式和计费参数与营销2.0系统和现场实际三者不一致。

（4）合同签约方没有主体资格、履约能力。

【核查方法】

（1）在系统内抽查用户合同类型及模板是否准确，合同内容是否规范，产权分界点、用电容量、供电方式、计量方式和计费参数是否与营销 2.0 系统、现场保持一致。

（2）签约双方有无主体资格、履约能力并对担保人主体资格进行审查。

【政策依据】

内部制度依据：①《国家电网公司供用电合同管理细则》[国网（营销 /4）393—2014]；②《国家电网有限公司关于进一步规范供用电合同管理工作的通知》(国家电网营〔2016〕835 号)。

3. 合同附件不完整、必备条款不完善

【核查规则】

（1）合同缺少合同事项变更确认书。

（2）合同缺少电费结算协议。

（3）合同缺少供电接线及产权分界示意图。

（4）合同缺少法人授权文件。

【核查方法】

（1）系统内查询合同是否具有合同事项变更确认书，合同变更后是否有供电公司与用电人确认盖章。

（2）系统内抽查是否有电费结算协议，是否明确协议中的供电人、用电人地址、抄表例日、收费截止时期及违约金的计算以及交费方式。

（3）系统内查询供电接线及产权分界示意图中是否有明确的线路 T 接点以及产权分界点。

（4）系统内查询合同是否具有法人授权书。

【政策依据】

内部制度依据：《国家电网公司供用电合同管理细则》[国网（营销 /4）393—2014]。

4. 合同产权归属与运行维护责任不明确

【核查规则】

（1）缺少线路 T 接点。

（2）缺少产权分界点。

【核查方法】

系统内抽查合同附件中供电接线及产权分界示意图是否清晰、完整；产权分界点与线路 T 接点是否标明。

【政策依据】

外部政策依据：《供电营业规则》（国家发改委令 2024 年第 14 号）。

内部制度依据：《国家电网有限公司关于印发 2019 年营销安全工作要点的通知》（国家电网营销〔2019〕52 号）。

（四）保供电

1. 保供电启动流程不规范

【核查规则】

（1）没有按规定确定保电类别及等级。

（2）没有按规定成立保电工作组织机构。

（3）制定保电方案不规范。

【核查方法】

（1）检查是否有保电方案并且检查保电方案是否完整，是否准确确定级别。

（2）检查是否有保电组织机构并对保电方案进行制定和审查。

【政策依据】

内部制度依据：①《重大活动客户侧保电工作规范（试行）》（营销客户〔2019〕35 号）；②《国家电网有限公司重大活动电力安全保障工作规范》（Q/GDW 12158—2021）；③《国家电网有限公司重大活动电力安全保障技术规范》（Q/GDW 11888—2018）。

2. 保供电准备工作不完备

【核查规则】

（1）保电方案没有明确保电目标和要求。

（2）没有明确的组织、指挥系统及责任制。

（3）没有进行提前的保电检查。

（4）发现隐患后没有下发“用电检查结果通知书”，并督促客户进行整改。

【核查方法】

（1）现场检查客户受电电源配置是否符合要求。

（2）重要客户的自动切换装置是否良好，是否配置应急电源，自备电源运行是否良好，配电房管理制度是否完善。

（3）发现隐患后是否下发“用电结果通知书”，是否督促客户进行整改。

（4）保电客户是否制定并熟悉事故应急预案。

【政策依据】

内部制度依据：《重大活动客户侧保电工作规范（试行）》（营销客户〔2019〕35 号）。

3. 保供电期间工作不到位

【核查规则】

（1）没有按要求安排现场应急发电车、发电机接入。

（2）现场值守人员以及抢修力量安排不足。

（3）保电客户没有配备足够值班人员，或者值班人员没有“电工进网作业许可证”，管（供）电部门没有参与值班。

（4）值班人员不熟悉变电运行、倒闸操作、变电工作规程等。

【核查方法】

现场检查应急发电车、发电机是否接入；现场值守人员与抢修力量是否安排充足保电客户，是否配备足够值班人员；值班人员是否具有“电工进网作业许可证”；管电部门是否参与值班；值班人员是否熟悉变电运行、倒闸操作、变电工作规程等。

【政策依据】

内部制度依据：《重大活动客户侧保电工作规范（试行）》（营销客户〔2019〕35 号）。

（五）窃电（违约）用电

1. 窃电（违约）用电现场检查不规范

【核查规则】

（1）少于两名反窃电检查员开展现场作业。

（2）没有及时封存和提取违约使用的电气设备，没有规范使用现场拍照、录音录像等手段。

（3）“违约用电、窃电通知书”没有经当事人或者授权代理人签字确认；“违约用电、窃电通知书”没有一式两份交由客户以及反窃电检查人员存档备查。

（4）反窃电工作没有落实“查处分离”要求，反窃电检查人员负责现场检查与取证，反窃电处理人员负责窃电处理。

【核查方法】

系统内抽查是否上传违约、窃电通知书扫描件及现场照片；抽查违约、窃电通知书中签名是否违反查处分离原则。

【政策依据】

内部制度依据：《国家电网有限公司营销项目管理办法》（国家电网企管〔2019〕431 号）。

2. 窃电及违约用电处理不规范

【核查规则】

（1）客户窃电及违约用电行为长期未查处。

（2）确定窃电行为后，没有按规定予以制止，或对用户实施中止供电时不符合下列要求：事先通知客户，不影响社会公共利益或者社会公共安全，不影响其他客户正常用电；对于高危及重要电力客户、重点工程的中止供电，报本单位负责人及当地电力管理部门批准。

（3）用电检查人员没有按《供电营业规则》和相关法律法规计算窃电或违约使用电费金额。

（4）当客户交清追补电费及违约金并整改完毕后没有在 24h 内恢复供电。

（5）系统中没有完成窃电、违约用电的归档。

【核查方法】

（1）在系统中筛查长期未处理的窃电，以及私启、私换受电设备用电、超容、高价低接等违约用电问题。

（2）系统内抽查现场停电处理的用户是否发起停电流程，并且送达停电通知书。

（3）在系统中抽查窃电、违约用电处理环节是描述追补电费及违约金计算过程。

【政策依据】

内部制度依据：《国家电网有限公司营销项目管理办法》（国家电网企管〔2019〕431 号）。

3. 临时用电管控不到位

【核查规则】

（1）临时用电受理资料不全、执行电价不符合政策规定。

（2）临时用电客户办理变更用电业务。

（3）临时用电超期未办理延期，或期限超过 3 年后未销户。

（4）临时用电客户大电量、峰谷用电比例异常等，实际已转供正式用电未检查处理。

【核查方法】

（1）获取临时用电的用户清单，主要信息包括户号、户名、用电地址、行业类别、临时用电标志、立户日期、合同容量、运行容量、合同签订次数、合同到期日期等。

（2）获取临时用电用户最近一年的负荷特性数据和电量数据，其中负荷特性数据包括每月或每日最大负荷、最小负荷、平均负荷等。

【政策依据】

外部政策依据：《供电营业规则》（国家发改委令 2024 年第 14 号）。

内部制度依据：《国家电网有限公司反窃电管理办法》［国网（营销 /3）987—2019］。

五、营销项目稽查

（一）项目储备规范性核查

【核查规则】

（1）营销项目储备是否合理准确。

（2）营销项目可研编制与评审是否及时规范开展。

【核查方法】

（1）核查储备项目是否与总部年度重点投资方向相符，是否符合营销发展重点方向。

（2）核查储备项目的分类和重要性等级是否正确，是否与实际工作相符。

（3）核查储备项目是否编制可研报告或项目说明书。

（4）核查可研评审是否对项目必要性、技术方案可行性、投资测算合理性开展重点评估。

（5）核查可研评审意见与可研批复意见是否及时发文。

【政策依据】

外部政策依据：《供电营业规则》（国家发改委令 2024 年第 14 号）。

内部制度依据：《国家电网有限公司反窃电管理办法》［国网（营销/3）987—2019］。

（二）项目计划与预算执行规范性核查

【核查规则】

营销项目是否按照计划和预算管理规定执行。

【核查方法】

（1）检查各级项目计划文件中的规模、时间，与项目可研金额进行比较。

（2）检查营销项目在 ERP 中是否及时创建。

【政策依据】

外部政策依据：《供电营业规则》（国家发改委令 2024 年第 14 号）。

（三）项目初步设计（以下简称“初设”）规范性核查

【核查规则】

营销项目初设编制与评审是否及时规范开展。

【核查方法】

（1）核查营销项目是否编制初设文件或实施方案。

（2）核查初设（实施方案）内容是否严格依据批复的可研，是否存在规模扩大或标准提高的情况。

（3）核查初设（实施方案）评审意见与批复意见是否及时发文。

【政策依据】

内部制度依据：《国家电网有限公司营销项目管理办法》（国家电网企管〔2019〕431号）。

（四）项目实施规范性核查

【核查规则】

营销项目实施是否规范。

【核查方法】

（1）检查项目里程碑计划制定和执行情况，检查里程碑计划是否在项目管理系统中及时录入，检查是否按照里程碑计划执行到位。

（2）检查项目合同（工程、材料、设计、监理等）签订、管理是否规范、及时，是否存在流程倒置，是否存在应招未招、合同关键条款约定不明、合同流转超30天、合同签订背离招标文件、先实施后招标等情况。

（3）检查项目开工前是否履行完整的开工手续，编制施工方案与开工报告，是否存在未批先建（招）的情况。

（4）检查项目执行过程中是否存在违规外包、以包代管的情况。

（5）检查是否存在甲供物资擅自转为乙供、工程物资退料不规范、废旧物资管理不规范等物资管理不规范情况。

（6）检查应实行监理制度的项目工程监理是否实施到位。

（7）检查进度款支付是否超合同约定或提前支付。

【政策依据】

内部制度依据：《国家电网有限公司营销项目管理办法》（国家电网企管〔2019〕431号）。

（五）项目验收规范性核查

【核查规则】

项目验收是否符合国家及行业有关法规、标准和规范，以及公司关于验收规范的有关规定。

【核查方法】

（1）检查阶段性验收是否到位，对于隐蔽工程是否采用拍照、录音等方式进行取证。

（2）检查竣工验收是否到位，是否开展现场全面验收并编制一套竣工验收资料。

（3）检查验收发现的问题是否整改落实到位。

【政策依据】

内部制度依据:《国家电网有限公司营销项目管理办法》(国家电网企管〔2019〕431号)。

(六)项目结算规范性核查

【核查规则】

项目结算是否规范。

【核查方法】

(1)检查结算资料是否存在结算量、价无支撑依据的情况，是否存在结算量与实际工作量不符的情况。

(2)查看ERP系统中项目入账信息，核查是否按照合同约定及时结算。

(3)检查项目审价(计)开展是否到位。

【政策依据】

内部制度依据:《国家电网有限公司营销项目管理办法》(国家电网企管〔2019〕431号)。

(七)项目档案规范性核查

【核查规则】

项目档案是否符合公司关于档案管理规范的有关规定。

【核查方法】

查看纸质资料，是否按照“一项一档”进行管理，档案资料是否真实准确、齐全完整、安全保管和有效利用。

【政策依据】

内部制度依据:《国家电网有限公司营销项目管理办法》(国家电网企管〔2019〕431号)。

六、新型业务稽查

1. 分布式光伏用户电量异常

【核查规则】

抽发电量小于上网电量用户。

【核查方法】

发电量小于上网电量筛查分布式光伏用户在上一电费考核周期内电量异常:

(1)消纳方式为全部自用，月度上网电量却不为0。

(2)消纳方式为全部上网，月度有发电量，但上网电量为0。

（3）月度发电量为0。

（4）月度上网电量大于发电量。

【政策依据】

内部制度依据：《国家电网有限公司电费抄核收管理办法》[国网（营销/3）273—2019]。

2. 分布式光伏电价执行错误

【核查规则】

分布式光伏发电按照上网类型主要分为全额上网、自用有余上网、自发自用三类。电费主要包括上网电费（购电费）、国家可再生能源补助两部分，按照项目类型主要分为普通、金太阳、扶贫三类。分布式光伏项目根据不同的分类情况执行相应的电价政策，省物价局不单独批复电价，由公司按照现有电价政策规定直接结算。

【核查方法】

根据营销2.0系统执行光伏电价客户清单：

（1）检查上网电价和发电电价设置是否正确，是否符合政策文件规定。

（2）检查改类流程是否对关联客户造成影响，若产生退补，退补流程是否规范合理，电价选择是否正确，电量电费是否正确。

【政策依据】

外部政策依据：《国家发展改革委关于完善光伏发电上网电价机制有关问题的通知》（发改价格〔2019〕761号）。

3. 充电设施电价

【核查规则】

居民家庭住宅、居民住宅小区、执行居民电价的非居民用户中设置的充电设施（包括物业或商业专营公司装设的各类充电设施、小区车库内安装的充电设施）用电，执行居民用电价格中的合表用户电价。

【核查方法】

采取随机方式，对沿线充换电设施运维情况开展检查，对存在问题拍照取证。根据营销2.0系统执行电动汽车用电价格客户清单检查：

（1）电动汽车用电价格是否按文件规定时间起执行。

（2）电动汽车用电价格是否按规定分类执行。

【政策依据】

外部政策依据：《国家发展改革委关于完善光伏发电上网电价机制有关问题的通知》（发改价格〔2019〕761号）。

第三章

营销数字化合规管控流程

为保障营销稽查工作有序开展，合规管控流程图将为稽查各层级、各环节提供清晰工作指导和依据。本章主要通过在线稽查流程图、现场稽查流程图、专项稽查流程图、风险预警流程图、白名单申请流程图、督查督办流程图、工单延期报备流程图七个方面，从国网营销部—省公司营销部（省营销服务中心）—市公司营销部（营销数字及技术中心）—县公司营销部，逐层逐级联动管控，确保稽查工作全流程全环节合规管控高效落地。

一、在线稽查流程图

在线稽查流程图如图 3–1 所示。

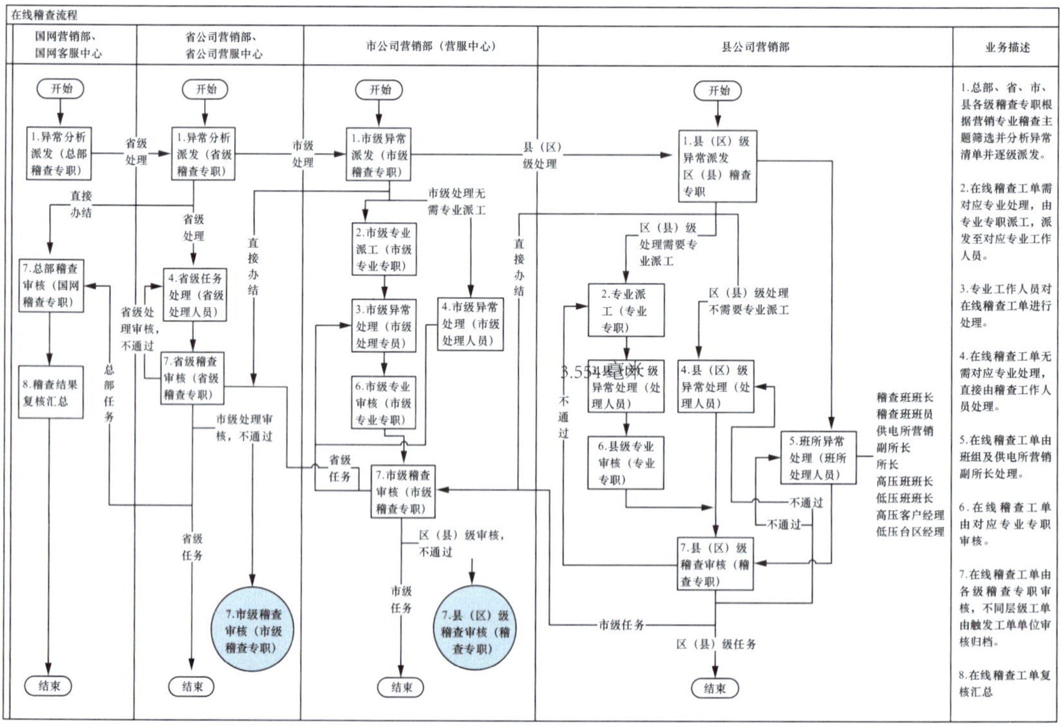

图 3–1　在线稽查流程图

二、现场稽查流程图

现场稽查流程图如图 3–2 所示。

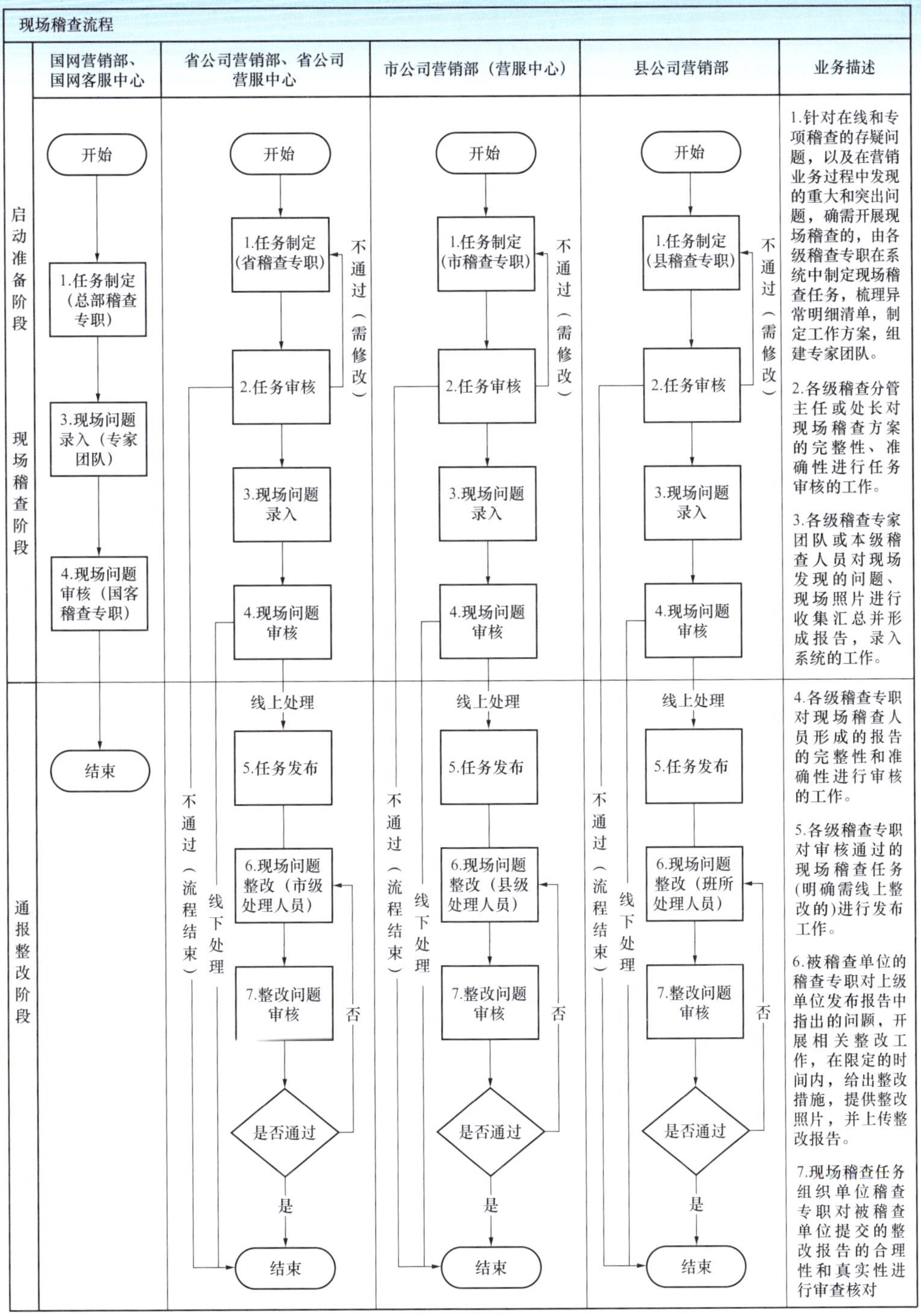

图 3-2　现场稽查流程图

三、专项稽查流程图

专项稽查流程图如图 3-3 所示。

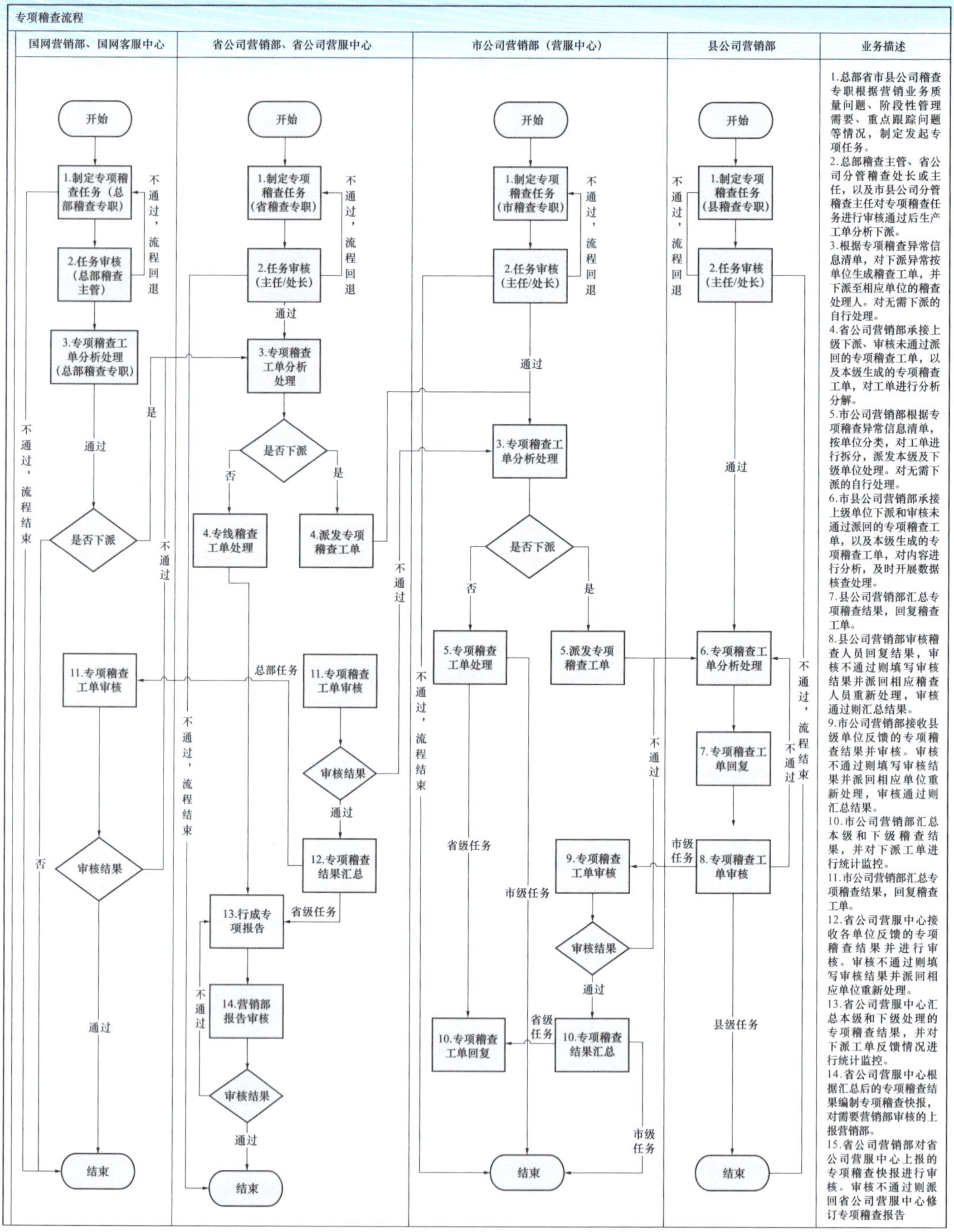

图 3-3　专项稽查流程图

四、风险预警流程图

风险预警流程图如图 3-4 所示。

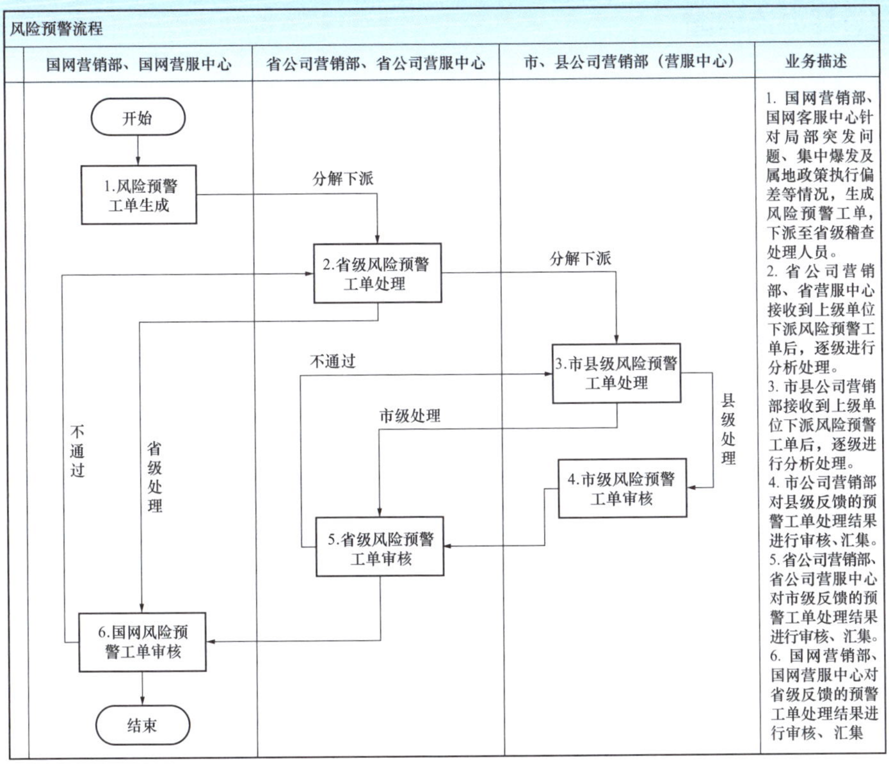

图 3–4 风险预警流程图

五、白名单申请流程图

白名单申请流程图如图 3–5 所示。

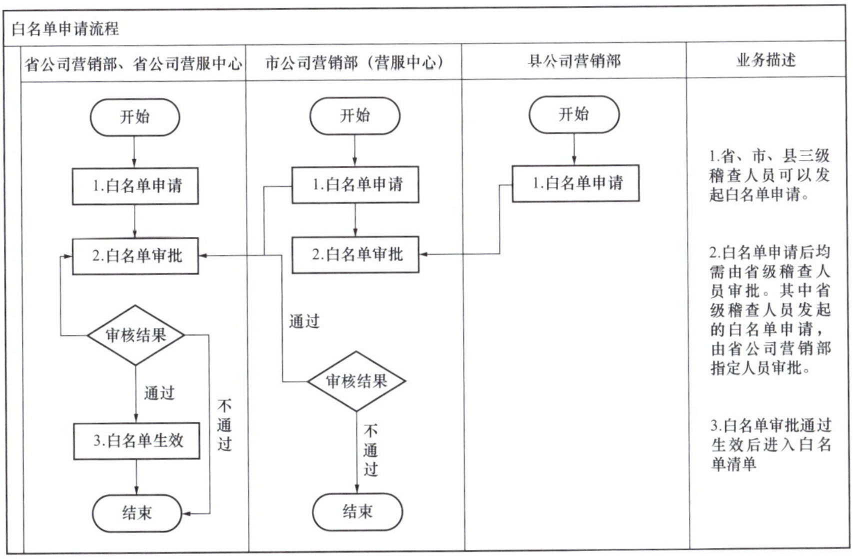

图 3–5 白名单申请流程图

六、督查督办流程图

督查督办流程图如图 3-6 所示。

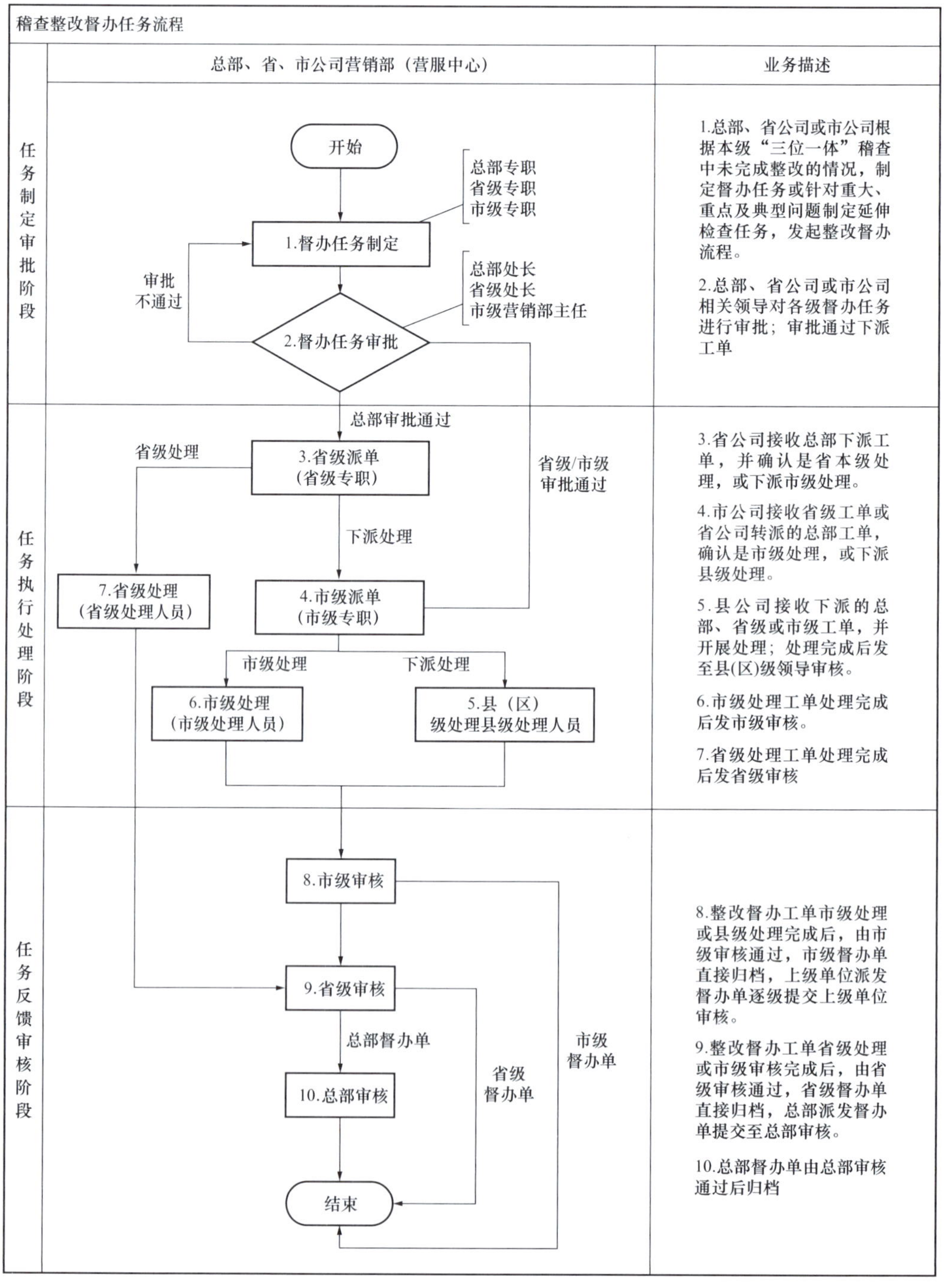

图 3-6　督查督办流程图

七、工单延期报备流程图

工单延期报备流程图如图 3-7 所示。

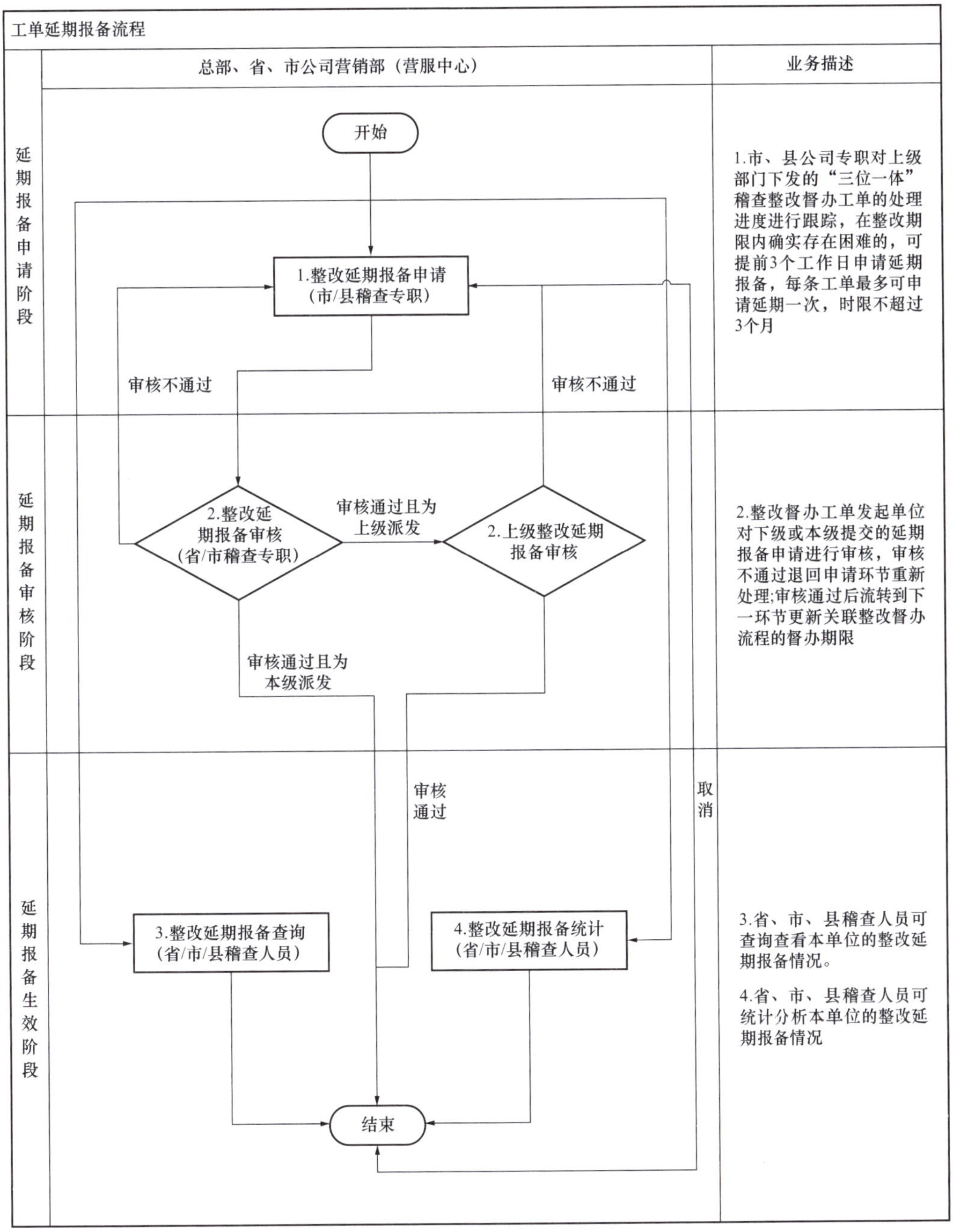

图 3-7 工单延期报备流程图

第二篇　营销数字化合规管控机制篇

第四章

工作指引及保障机制

第一节　工作指引

一、工作目标

（1）有效消除问题隐患。常态开展“三位一体”稽查，及时发现、暴露异常问题和风险隐患，督促整改落实，确保防控有效率达 98%、问题整改完成率 100%。

（2）构建“门禁”体系。溯源分析问题根源，迭代更新稽查主题及系统“门禁”规则，确保主题更新及时率 100% 及“门禁”规则转化率达 80% 以上，严防严控风险。

（3）提升精益合规管理。通过稽查监督实现“以查促管”，更加促进业务规范、挖潜增效、制度完善和管理提升，实现闭环销号率 100%，确保不发生重大服务及合规事件。

二、工作原则

（1）坚持问题导向。聚焦营销工作质量问题和业务流程风险，重点关注高风险领域和专业，明确关键管控环节，及时发现并处置业务风险，推动营销管理水平持续提升。

（2）坚持数字赋能。充分应用营销信息化成果和大数据分析技术，强化风险数据深度挖掘应用，创新风险预警手段，迭代优化风险溯源分析主题，拓展风险防控深度与广度。

（3）坚持分级管控。建立分级管理、分级预警、分级督办的风险管控工作机制，覆盖营销全专业、贯穿管理各层级，实现全过程风险识别和管控。

（4）坚持协同闭环。强化横向专业协同，纵向各级联动，形成各层级、各专业风险防控工作合力，持续强化问题闭环整治，协同高效推进风险防控工作。

第二节　建设分层分级的稽查监督机制

为保障稽查工作有序进行，成立地市、区县两级稽查监督责任主体，实现地市、区县分层分级的纵向管控机制以及稽查与专业间的横向协同机制，不断提升稽查运作能力。通过发挥地市级稽查监控常态运营的主体作用，提升区县公司稽查监控业务执行能力，针对性组织业务学习、稽查技能培训，确保稽查力量充足、各项要求到位。地市、区县两级市稽查监督责任主体，分工明确、协同合作。

一、地市级稽查监控职责

（1）落实省营销稽查监控工作部署以及稽查相关制度标准、业务流程等要求，监督检查各单位执行情况，开展评价与考核。

（2）管控地市级校验、预警、稽查规则与主题，收集、评审和上报稽查业务需求和主题优化建议。

（3）结合本单位实际，部署优化本级稽查规则，应用机器人流程自动化（RPA）等数字化技术和工具，提升营销稽查质效。

（4）落实省级下达的稽查任务，围绕营销工作质量、经营成果、基础数据、重点工作等，组织开展本单位常态和自主稽查，报送相关统计报表和工作报告；管控本单位营销稽查工作质量，及时上报重大营销风险，协助跟踪督办本单位重大营销风险问题整改。

（5）对稽查监控发现线索及突出问题，结合专业管理需要，组织专项和现场稽查，及时上报重大营销风险。

（6）定期组织开展营销业务问题专业会商，协同相关专业深入查找管理漏洞和执行薄弱环节，推动落实整改；强化问题源头防控，提出管理提升建议，促进业务规范执行。

（7）负责本单位稽查队伍建设和人员培养，组建营销现场稽查大队，开展现场稽查、专项课题研究等工作；推动落实营销稽查技能等级评价，定期开展稽查培训，加强稽查人才和后备梯队培养。

二、区县级稽查监控职责

（1）落实地市级营销稽查监控规章制度、工作部署和各项任务，常态开展营销稽查监控工作，反馈调查处理结果，报送相关统计报表和工作报告。

（2）管控区县级校验、预警、稽查规则与主题，收集和上报稽查业务需求和主题优化建议。负责结合本单位实际，部署优化区县级稽查规则，应用 RPA 等数字化技术和工具，提升营销稽查质效。具备条件的单位，可结合实际需要开展本单位数字稽查能力建设。

（3）落实地市级稽查工作任务，分析下派稽查工单，跟踪工单处理情况及问题整改。

（4）根据本单位管理需要自主开展专项和现场稽查，落实问题闭环整改，及时上报重大营销风险。

（5）定期组织开展营销业务问题专业会商，协同专业深入查找管理漏洞和执行薄弱环节，强化问题源头防控，研究制定管理提升措施，推动业务规范执行。

第三节　建设融合智能的平台运营机制

“一个平台”指依托能源互联网营销服务系统（以下简称“营销 2.0 系统”），融合采集、网上国网、95598 等各类营销业务数据，深入挖掘数据流、业务流中的过程性、实时性数据，拓展稽查主题库，构建实时稽查管控预警平台，实现服务风险及时感知、业务执行及时纠偏，优化稽查闭环管控模式。通过短信、工单等多形式实现对监控问题的预警、告警、督办及跟踪，提高异常事件处理时效性，实现重点业务流程各业务环节、关键指标分级预警督办和闭环管控，工单集中派发和末端融合归集化作业，以及线上绩效评价机制，助力电力营销稽查管理各个环节的精准化、智能化，有效支撑营销数字化合规管控体系落地。

（1）熟练掌握营销 2.0 系统的使用、运行情况，分层分级指标，多维掌握业务运行状态。依托完善的数据采集和整合机制，全面汇聚营销过程产生的数据，通过数据指标分析，对电力营销活动进行全面评估，及时了解新一代电力营销平台的使用和运行情况。通过营销分级分层指标看板体系，分类汇总各专业业务运行情况和指标提升情况，实现指标的“数据同源、统一计算、分级汇总、逐级展示”，了解营销关键业务运行状况，快速制定并实施应对措施。

（2）数智监测管控。对业扩报装、电费电价、计量采集、用电检查、营销项目和新型业务等重点专业的全业务流程进行异常监测分析、关键环节自动预警提醒、重点指标问题督办管控，保障营销业务集中管理、质量集中管控，实现业务异常监测实时化、预警提醒自动化、流程管控自主化，支撑基层建立自管、自控、自愈的工作模式。构建针对各专业的预警督办规则库，根据规则阈值，自动进行点对点预警督办、工单直派、工单处理，有效管控重点业务流程超时、关键指标不达标、业务结果异常，实现营销全业务数智监测管控。

（3）营销全业务全流程预警管控，风险预警防控，建立风险预警防控机制。营销管控由事后控制向事前、事中、事后全过程管控转变，通过营销全业务全流程预警管控，对关键指标和服务质量集中监控和预警督办，实现业务问题全过程跟踪、闭环管理。及时发现业务运行中的问题，通过风险预警防控机制，监控营销活动的各个环节和各参与方，通过数据分析和模型建立等方式，及时发现营销过程中潜在的风险和问题，准确预警，及时采取策略进行干预和处理。

第四节　建设数字可控的稽查管控机制

一、“三位一体”稽查

以“夯基础、降风险、增效益”为目标，坚持目标导向、问题导向、成效导向，聚焦营销全业务、全流程、全环节，以线上化、数字化、智能化营销稽查为主线，持续深化在线—专项—现场“三位一体”稽查。

在线稽查强化关键业务，按期完成稽查任务的派发、核查、整改及反馈，确保在线稽查有效闭环。专项稽查深化重点工作，围绕漠视侵害群众利益问题、优化电力营商环境等重点，通过多维线索挖掘突出问题，推动问题治理和业务提升。现场稽查加强存疑及重大问题，围绕两部制电价执行、高价低接或低价高接等重点主题，结合二十四节气，制定现场稽查计划，开展问题深度核查。推动现场稽查向网格化延伸，层层落实各环节责任，确保稽查工作无死角。

（1）在线稽查，精确分析。地市公司将采取地市、区县联动、分层优化模式，由省公司根据稽查主题异常类型（电价、电费、反窃查违等）、影响程度、经济成效等，明确地市、区县公司稽查管控层级。根据年度计划，每月分析全量主题异常数据，结合地市公司稽查专项活动清单，最终确定 N 个稽查主题。每月月初由地市公司营销监控中心向各区县公司定量派发线上稽查工单，并根据政策、业务流程变化，动态更新优化稽查主题规则、阈值、数量等，做到适时、适度稽查，确保稽查成效。

（2）专项稽查，突出重点。地市公司根据工作需要和常态化全业务在线稽查监控中发现的薄弱环节，结合重点工作、政策落实、经济成效等内容，定期开展“一月一主题”专项稽查。制定具体稽查规则，筛选异常数据，对于监控系统确认的异常客户，由地市公司直接派发线上专项工单。对于系统暂时无法确认的，地市公司将异常数据明细和风险预警单以线下方式派发给责任单位，营销监控中心根据反馈情况，再次派发线上专项工单，努力实现“发现一个问题，整改一批问题，消除一片风险”目的。

（3）现场稽查，常抓不懈。为提升现场稽查效果，按照“在线稽查管控、专项重点打击、现场稽查核实、稽查督办闭环”思路，采取“两手抓”措施，常抓不懈稽查。一方面，组建由地市、区县公司各专业人员组建的柔性现场稽查团队，不定期对各单位专业协同落实情况、存疑工单、典型异常问题等进行现场核查。另一方面，省公司下辖地市、区县公司均组建自己的队伍，这些队伍除严格执行省公司任务外，定期围绕高压临时用电、业扩时限、计量配置等重点，加强现场稽查，配合开展反窃电工作，杜绝查实问题反复出现，全面提升营销工作质效。

二、"N 个"稽查主题防御

根据营销各专业风险点，绘制合规管控防御图，建立"N 个稽查主题"风险防御的工作管控机制，增强营销人员风险意识，提升合规管理水平。

为保障"N 个稽查主题"工作管控稽查机制的有效落实，将"营销合规管控风险点表"和"营销合规防御图"作为工作开展的重要依据手段，从而实现稽查风险点管控全覆盖。

业务合规管控风险主要包含业扩报装风险、电费电价风险、计量采集风险、用电检查风险、营销项目风险和新型业务风险 6 个大类，28 个小类，合计风险点 200 多个。业务合规管控风险点表见表 5-1。

表 5-1　业务合规管控风险点表

主要内容（大类）	类别（小类）	风险点
业扩报装风险	1. 优化营商环境	未提供典型设计方案及工程造价参考手册
		行政审批事项未实现多部门并行审批
		最多跑一次落实不到位
		"三不指定"未严格执行
		电网资源信息未公开
		业扩接入受限
		限定用电报装线上办理
		低压容量开放政策执行不到位
		不满足用户意向接电时间
		新建住宅小区未具备直接装表接电条件
		未按规定延伸电网投资界面
	2. 业扩流程管控	业扩报装流程体外流转
		业扩流程环节超时限
		业扩办电环节压减不到位
		关键基础信息维护错误
		系统账号权限管理混乱
		"一址多户"规避电费支出

续表

主要内容（大类）	类别（小类）	风险点
业扩报装风险	3. 新装增容管理	办电材料审核不严
		重要负荷认定不准确
		电源方案制定不合理
		电价策略制定不合理
		业务费收取不合规
		替代关联产业单位收取工程费
		设计文件审核不到位
		中间检查与竣工检验不规范
		验收接入环节收费不合理
		业扩搭接安排管控不合理
		客户档案资料管理不规范
		低压用户容量核定不到位
		计量方案制定不规范
		光伏业务办理不规范
		合同签订不规范
		临时用电改变用电性质
	4. 变更用电管理	改类及电价变更执行不规范
		减容、暂停执行不规范
		更名、过户执行不规范
		分户、并户执行不规范
		销户执行不规范
		变更用电流程超时限
电费电价风险	1. 抄表管理	抄表包参数设置有误
		未按规定进行现场作业终端（或抄表机）管理
		未按规定设置抄表例日
		未按规定抄表例日抄表
		现场抄表作业不规范

续表

主要内容（大类）	类别（小类）	风险点
电费电价风险	1. 抄表管理	当月电费应出未出
		长期手工抄表
		需量用户表计最大需量冻结日与抄表例日不一致
		抄表翻度未处理
		总峰谷示数异常
		无功考核异常
		分布式光伏用户电量异常
		发电上网电量抄表异常
		抄表数据与采集不一致
		长期零电量
		未定期开展周期核抄
		拆表冲突
		核算包参数设置有误
		电动汽车充电桩电量异常
		业扩变更示数录入异常
	2. 核算管理	供电公司执行不合规电价政策文件
		阶段性优惠电价政策执行错误
		居商电价混用（原居民大电量）
		两部制电价执行错误
		差别电价执行错误
		分布式光伏电价执行错误
		发电上网电价执行错误
		企业自用电电价执行错误
		农业电价执行错误
		学校教学和学生生活电价执行错误
		居民电采暖电价执行错误
		分时电价执行错误

续表

主要内容（大类）	类别（小类）	风险点
电费电价风险	2. 核算管理	充电设施电价执行错误
		各省特有电价政策执行错误
		定量定比设置不合理
		功率因数考核标准错误
		综合倍率异常
		两路及以上进线用户需量基本电费计收错误
		变损参数设置错误
		专线用户线损率设置错误
		用电类别、行业类别不一致
		电费退补处理不规范
		电费发行不及时
		系统权限设置不合规
		执行电价与计度器不匹配
		分时电价与表计类型时段不一致
		基本电费计费变更不及时
		通过过户、销户规避差别电价
		光伏用户结算异常
	3. 收费管理	电费催费管理不规范
		电费违约金损失
		电费走收不规范
		营业厅电费现金管理不规范
		收费、解款业务处理不合规
		销户用户余额未清
		电费预收互转管理不合规
		电费虚假实收
		跨考核周期冲正
		电费虚拟户

续表

主要内容（大类）	类别（小类）	风险点
电费电价风险	3. 收费管理	电费催收不及时
		发票管理混乱
		增值税发票虚开
		承兑汇票
		陈欠电费台账混乱、呆坏账核销不合规
		购电制规范性
		清理规范转供电收费
		电费反洗钱
		智能交费协议签订不到位
		退费管理不合规
		违规垫付应收电费
		员工截留用户的电费资金
		改变收费方式套取手续费
		欠费停电不规范
计量采集风险	1. 现场作业	计量装接安全管控不到位
		计量装接质量不合格
		电能表更换业务不规范
		计量装置安装位置不合理
		计量器具配置不合理
		导线选择不合理
		计量设备主人制现场工作不到位
		计量设备主人制工作质量监督不到位
		计量设备主人制移动作业终端管理不到位
		现场检验设备使用不合理
		现场检验工作落实不到位
		现场检验结果处置不合理
		计量工作计划不合理

续表

主要内容（大类）	类别（小类）	风险点
计量采集风险	2. 采集运维	计量异常主站分析不规范
		采集数据不完整、不准确
		采集设备配置不合理
		现场设备巡视不到位
		电能表时钟管理不规范
	3. 资产管理	库房管理不规范
		仓储不规范
		出入库不规范
		表箱管理不规范
		拆回利旧不规范
		报废处置不规范
		物联卡管理不规范
	4. 实验室工作	电能表申请校验业务不规范
		实验室检定条件不具备
		实验室检定操作不合规
		计量标准器具量值溯源不合规
	5. 计量档案	系统档案与现场不一致
		留档资料管理不规范
	6. 台区线损	台区责任制落实不到位
		营配调数据贯通管理不到位
		台区总表管理不规范
		用户表计运行管理不到位
		低压采集管控不到位
		用户用电负荷管理不到位
		台区自备电源、分布式电源管理不到位
		反窃查管控不到位

续表

主要内容（大类）	类别（小类）	风险点
用电检查风险	1. 重要电力用户管理	重要电力用户认定不规范
		供电电源配置不规范
		自备应急电源配置管理不规范
		运行管理不规范
		重要用户档案不完善
		重要用户应急演练不到位
	2. 客户安全管理	检查计划制定不规范
		现场检查不规范
		缺陷隐患管理不到位
		客户安全用电告知不到位
		客户侧安全服务不到位
	3. 供用电合同	合同签订的主体不合法或合同有效性存在问题
		合同附件不完整、必备条款不完善
		合同产权归属与运行维护责任不明确
		未与客户签订供用电合同或合同超过有效期
	4. 保供电	保供电准备工作不完备
		保供电期间工作不到位
		保供电应急预案不完善
	5. 窃电（违约）用电	窃电（违约）用电现场检查前准备工作不充分
		窃电（违约）用电现场检查处理不规范
		窃电（违约）检查后续处置不规范
	6. 配合行政机关停电作业	配合政府部门停电作业发起不合法合规
		配合政府部门停电审批程序不规范
		配合政府部门停电现场作业不规范
	7. 现场作业安全	营销作业人员保障不到位
		营销作业技术保障不到位
		营销作业组织保障不到位

续表

主要内容（大类）	类别（小类）	风险点
营销项目风险	1. 项目前期管理	项目提资不准确
		可研评审不到位
		初步设计合理
		擅自变更初设、实施方案
		擅自超出项目概算
		年度采购和进度计划制定不合理
		项目实施未经审批
		采购活动开展不及时
		越权采购
		规避招标
		招标限价组价依据不足
		核心业务外包
		合同签订不及时
		合同关键条款约定不明或不完善
		合同签订背离招标文件
		甲供物资擅自转为乙供
		质量 / 进度考核条款未执行
	2. 项目实施管理	工程物资退料管理不规范
		废旧物资管理不规范
		工程监理制度未严格落实
		工程实施未招标、未签订合同
		施工过程以包代管
		项目开工手续不完整
		隐蔽性工程验收不到位
		全面验收未执行
		签证审核不规范
		未按批复列支项目成本
		验收发现问题未落实整改

续表

主要内容（大类）	类别（小类）	风险点
营销项目风险	3. 项目收尾管理	结算量 / 价无支撑依据
		重复结算
		虚列工程量
		结算和支付未按合同约定内容进行
		项目结算审价（计）未开展或开展不到位
		档案管理流程、职责不明确，执行不到位
		项目资料未按规定制作
		项目评价管理不到位
新型业务风险	1. 综合能源服务	项目决策制度执行不到位
		供应商甄别不规范
		项目跟踪管控不到位
		施工管理不到位
		运维管理不到位
		项目资金无法回收
		政策变化影响
		合同条款争议
	2. 电动汽车充电站	项目选址不当
		项目施工安全质量管理不到位
		项目验收未按照相关规定执行
		充电站价格策略不合理
		运行监控管理不到位
		工单处理不及时
		日常巡视不到位
		现场运维检修不及时
		备品备件供应不及时
		车联网平台安全漏洞修复不及时
		擅自变更充电站设计

续表

主要内容（大类）	类别（小类）	风险点
新型业务风险	2. 电动汽车充电站	充电站未按要求配置灭火器
		重大服务事件处理不及时
	3. 电力需求响应	可调节负荷资源普查不准确
		可调节负荷资源库建设管控不到位
		工程实施质量管控不到位
		需求响应实施管理不到位
		补贴计算发放管理不到位
	4. 有序用电	用户侧负荷监测和控制未达要求
		优先保障和重点限制用户管理不严格
		方案实施用户告知不到位
	5. 市场化售电	一个用户对应多份售电合同
		售电公司与用户私下约定新交易电价
		供电公司员工故意造成差错电量
		市场化用户抄表异常
		市场化用户套餐价格错误
		市场化用户疑似规避 1.5 倍惩罚

结合表 5–1 进行查漏补缺，不断优化稽查主题，畅通稽查主题拓展渠道，常态化提报新增业务风险和主题优化建议，与数字化审计共通共享数字化检查手段。省级营销中心加强技术支撑，加快稽查主题研发应用，深化国网稽查监控平台自定义稽查主题功能，推动适应地市公司业务执行情况，持续提升稽查监控的全面性、精准性、及时性。

三、“联防联控”管控

联防联控按照“稽查分析督办、专业核实整改”的原则，各级稽查应将发现的专业问题以稽查工单、工作联系单、督查督办单、风险预警单等方式提交有关专业，责任专业限期对稽查发现问题进行核实、整改和反馈，制定防控及应急措施，形成跨层级、跨专业、跨地区齐抓共管的稽查工作合力，实现“查实一个问题、规范一类业务”。

稽查与专业紧密协作推进问题治理，稽查按计划方案或专业管理需要，查摆暴露问题隐患，横向会同专业开展溯源分析，制定整改措施，提出系统完善建议、专业管理建议。纵向督促责任单位销号整改，通过典型案例增强人员风险意识。反向协同各专业迭代更新“门禁”系统主题规则，从业务源头防范风险隐患。专业针对稽查发现的问题，研判问题根源，制定措施、落实整改，按需优化业务流程、完善管理制度，并根据管理需求，提交稽查主题建议。

“联防联控”管控机制与健全营销稽查问题会商和督办机制紧密相连，通过“三单、一书、一会、一报告”（业务风险预警单、稽查异常告知单、超期问题督办单、专业管理建议书、业务差错分析会、稽查工作报告）深化业务管控，对问题溯源治理，分层分级挂牌督办，形成闭环管理长效机制，实现异常整改和规范管理“双提升”。

四、“闭环销号”整改

建立“闭环销号”整改机制，做到整改不到位不松手、工作不达标不销号、评估认定不合格不收兵，让稽查的主动作为贯穿始终，严防稽查老问题重复反弹或以新的表现形式呈现。

从“建立台账（事前）、跟踪督办（事中）、闭环消缺（事后）”三个维度全流程、全环节管理，保障稽查任务完成率100%。具体表现如下：

（1）建立台账。对自查出的隐患，能整改的立即整改，短期内无法整改的逐一分类建档，并依据事件性质，分轻重缓急，研究制定整改计划和具体措施，并落实到班组和负责人。

（2）跟踪督办，根据职责分工，深入各个现场，持续跟踪整改情况，保证整改的督查率100%。

（3）闭环消缺。对列入督办的，实行“销号”制度，明确部门和人员，持续跟进，直至全部销号，实现闭环管理。

第五节　建设全程高效的质量评价机制

为进一步完善营销稽查监控体系，建立稽查质量评价机制，围绕组织体系建设、业务运营管理、风险防范成效、稽查工作成效等方面，定期开展营销业务质量评价工作。各区县公司对照质量评价标准开展工作，保证“规定动作不失分，激励成效多得分”，评价结果位列省内前茅。结合现场稽查，定期分专业、分地区量化对标业务风险水平，通报典型问题，评价稽查工作质量，分享稽查工作经验，精准传递管理压力，推动体系建设、主动稽查、问题整改、溯源优化、效益回笼。

健全业务质量评价机制体系将从预警消除、工单核查、问题整改、管理规范等方面入手，分层级、分专业、分人员开展多维量化评价，促进上下联动、联防联治。聚焦重复发生、突出敏感及底线红线等问题的内控、预控成效，紧盯闭环销号和管理提升，整改一个问题、规范一片业务。突出评价成果应用，纳入市、区县两级精益记分及绩效体系，对突出问题在星级评定和个人评优中予以一票否决，对问题频发易发、管理不到位的责任单位和个人，实施约谈问责机制。

一、问题通报机制

（1）每月 5 日，营数中心完成稽查工作月报编写，经营销部稽查专职审核后，由营数中心下发。月报内容包含 30% 篇幅总结，50% 篇幅通报典型问题，通报到责任单位及供电所，个别问题可通报到个人，20% 篇幅分析建议，就普遍性、突出敏感问题向专业提出针对性建议。

（2）每月 10 日，营销部稽查专职根据稽查工作月报提出的管理建议，进一步分析研究，对确有需要的，由分管副主任签发后向相关专业提出书面《管理建议书》，各专业一般下发工作联系单，并反馈管理建议落实情况。一个月后，营数中心对工作联系单相关要求稽查跟踪落实情况。

（3）每月 10~12 日，开展现场会议进行月度集中诊断通报。由营数中心通报：一是近期营销稽查发现的主要问题，二是供电服务从严从实等存在的典型问题，并选择典型的 3 个稽查问题 +2 个服务问题，责任营销科长或相应供电所所长会上分别“现身说法”表态发言。

（4）每月 16 日，营数中心完成稽查双周报编写，内容包含经济成效完成情况、稽查计划执行、稽查工单质量、发现典型问题和分析建议等，经营销部稽查专职审核后，由营数中心下发。

（5）每月 22、23 日，（按需）开展月中线上业务质量诊断通报，由营数中心通报近期营销稽查发现问题。

二、考核应用机制

建立营销稽查例会、月报、考核应用制度，分析稽查工作开展和问题整改闭环情况，总结经验并会同专业提出改进意见和措施，促进营销工作管理水平和工作质量持续提升。

（1）每月 6 日，营销部稽查专职根据稽查工作月报中通报问题，按问题严重性、主观责任情况、屡查屡犯情况，评估纳入供电所关键指标考核，更突出的问题纳入月度绩效。

（2）营数中心跟踪问题闭环情况，并将整改检查情况提交至营销部。

三、问责约谈机制

问责约谈机制主要为坚持问题定性、责任定位的原则，推动各单位因地制宜制定本单位评价考核办法，按风险类别和差错等级进行督办、约谈和考核，落实责任主体，降低业务风险。

主要根据督查督办工单派发单位定期开展问题分析，视情况将结果进行通报或应用于评价考核。涉及重大、重点和典型问题整改不力的，视情况对相关单位进行约谈。

第三篇　营销数字化合规管控内容篇

营销稽查工作是全面负责辖区内营销稽查监控管理工作的支撑和稽查运营的执行，通过线上、实地和专题“三位一体”营销稽查发现和整改供电服务、营销管理中存在的风险隐患，做好数据分析、工单审核、整改督办等工作，实现闭环管理，开展营销稽查监控相关统计分析，协助主管部门开展稽查工作质量评价。

第五章

营销业务数字化稽查

第一节　营业业扩数字化合规稽查

一、业扩时限超短

【风险描述】

业扩项目存在压单、体外循环嫌疑。

【文件依据】

（1）《关于全面提升“获得电力”服务水平持续优化用电营商环境的意见》（发改能源规〔2020〕1479 号）第三条：各供电企业要加强内部管控，创新技术手段和管理模式，加快业务办理速度和配套电网接入工程建设，实现用电报装业务各环节限时办理。

（2）《国网营销部关于印发全面治理业扩报装“体外循环”问题积极构建长效机制意见的通知》（营销营业〔2022〕2 号）第三条：自动比对工单流转时间与受电工程实施进度，对涉嫌“体外循环”的工单，予以提醒预警。

【规则及阈值】

抽取符合如下条件的高压新装、增容流程：

（1）设计文件审核环节超短：计算规则为设计文件受理环节结束时间到设计文件审核环节结束时间小于或等于 30min。

（2）中间检查环节超短：计算规则为中间检查受理环节结束时间到中间检查环节结束时间小于或等于 60min。

（3）竣工验收环节超短：计算规则竣工报验环节结束时间到竣工验收环节结束时间小于或等于 60min。

（4）业务受理环节开始到供电方案答复环节发出时间小于或等于 30min。

【数据来源】

营销 2.0 系统。

【数据字段】

区县、供电所、户名、户号、流程编号、环节名称、环节时长。

【防范措施】

（1）严格遵照《国网营销部关于印发全面治理业扩报装“体外循环”问题积极构建

长效机制意见的通知》(营销营业〔2022〕2号)等文件工作要求，实现受理统一规范、关键环节线上流转、工单处理同步进行、监管环节时限达标。

(2)加强业扩管理，统一业务操作规范，规范申请受理，规范现场作业，规范注销工单，按实将业扩各项环节录入系统，强化关键环节协同，推进政企信息共享，深化专业协同合作。

(3)构建长效机制、巩固治理成果，各单位以“体外循环”专项治理为契机，要进一步深化专业协同，优化工作流程，完善管理体制和内控机制，深化“阳光业扩”长效机制，及时发现问题并督促整改，不断提升客户服务能力和水平。

【分类】

事后稽查。

二、临时用电管理规范情况

【风险描述】

(1)现场已为正式用电，但未向供电公司申请转正，存在电费差错的风险。

(2)存在用电安全风险。

【文件依据】

《供电营业规则》(国家发改委令2024年第14号)第十四条：对基建施工、农田水利、市政建设等非永久性用电，可以供给临时电源。临时用电期限一般不得超过3年，如需办理延期的，应当在到期前向供电单位提出申请；逾期不办理延期或永久性正式用电手续的，供电单位应当终止用电。

【规则及阈值】

(1)抽取临时用电立户时间超过42个月的用户清单，判定为长期临时用电未销户。

(2)抽取高压临时用电立户日期超36个月且上月电量超10000kWh的用户清单，核实现场用电性质是否变更。

(3)抽取低压临时用电立户日期超36个月且上月电量超1000kWh的用户清单，核实现场用电性质是否变更。

(4)抽取临时用电立户日期超36个月且超6个月未用电的用户清单，核实未及时办理销户原因。

(5)抽取月电量(kWh)＞容量(kVA)×6(h)_×30(天)(功率因数默认1)的临时用电用户，判定为临时用电疑似超容。

【数据来源】

营销2.0系统。

【数据字段】

区县、供电所、户名、户号、地址、电压等级、用能类别、行业分类、合同容量、运行容量、电量。

【防范措施】

（1）常态化开展对临时用电用户的现场核查工作，对符合临时用电的，按照供用电合同管理规定，及时联系用户办理临时供用电合同续签；对实际用电性质为非临时用电的用户，联系用户办理临时用电销户，转为正式用电，并开展电价执行错误用户电费差错退补整改工作。

（2）通知临时用电结束的用户尽快销户，如若用户后续有用电需求，客户经理可与用户沟通协商，做好用电备案，及时提供用电服务。

【分类】

事中预警。

三、"一址多户"异常用电情况

【风险描述】

（1）存在低压非居用户通过违规一址多户规避专变开户或力调电费考核的风险。

（2）存在违规一址多户规避或减少基本电费支出。

（3）存在违规一址多户多电源供电规避高可靠性费用支出。

【文件依据】

《供电营业规则》（国家发改委令 2024 年第 14 号）第二十一条：用户申请新装或增容时，应当向供电单位提供以下申请资料：

（1）低压用户需提供用电人有效身份证件、用电地址物权证件，居民自用充电桩需按照国家有关规定提供相关材料。

（2）高压用户需提供用电人有效身份证件、用电地址物权证件、用电工程项目批准文件、用电设备清单，国家政策另有规定的，按照相关规定执行。

供电企业采用转移负荷或分流改造等方式仍然存在供电能力不足或政府规定限制的用电项目，供电企业可以通知用户暂缓办理。

【规则及阈值】

（1）抽取低压非居用户（剔除一级计量点为居民电价用户），筛选属于同一台区、同户名、地址相近（地址节前五级相同）且合计合同容量大于或等于 100kVA、户均合同容量大于或等于 30kVA 的低压非居用户。

（2）抽取所有低压非居（剔除一级计量点为居民电价用户）、高压工业（剔除一级计量点为居民电价用户）用户，筛选属于同一线路、同户名、地址相近（地址节前五级相同）且合计容量大于或等于 315kVA 的用户清单。

（3）抽取所有高压用电户，选取同一用电地址、同户名、不同户号、存在两条及以上不同供电线路的客户。

【数据来源】

营销 2.0 系统。

【数据字段】

区县、供电所、户名、户号、地址、立户日期、电压等级、合同容量、运行容量、台区名称、台区编号、供电线路名称、供电线路编号。

【防范措施】

（1）加强业扩报装规范执行。强化受理环节审查力度，避免同一产权证明重复使用，客户经理现场查勘过程中要仔细核对周边用电户用电情况，同时要规范用户地址信息录入，细化地址，杜绝新增一址多户异常发生。

（2）加强多专业监管力度。结合日常营业普查、计量箱建档、抄核收、能效诊断等多项业务对开展用电检查，及时发现一址多户异常情况。通过大数据分析，从地址、供电电源、产权资料、抄表段等多途径开展线上稽查、现场核实，逐步完成存量异常整改。

（3）加强问题整改闭环。针对该主题稽查发现的应整改问题，各责任单位须制定明确的整改计划，并督促用户限期完成。同时应全面组织排查梳理一址多户情况，对存在问题落实整改，并建立常态的稽查工作机制。

【分类】

事后稽查。

四、低压容量放开不到位

【风险描述】

存在优化营商环境落实不到位、疑似增加用户投资的风险。

【文件依据】

《国家发展改革委国家能源局关于全面提升“获得电力”服务水平持续优化用电营商环境的意见》（发改能源规〔2020〕1479 号）第二条：2022 年底前，实现全国范围 160kW 及以下的小微企业用电报装“零投资”。

【规则及阈值】

（1）抽取报装容量在 160kVA 及以下的高压用户清单，对比系统内高压小容量报装白名单，筛选出未申报白名单或与白名单信息不一致的异常用户。

（2）抽取报装容量在 200kVA 且连续三个月最高负荷小于 100kVA 的高压用户清单，结合电话回访发现用户非自愿选择高压接入的异常用户。

【数据来源】

营销 2.0 系统；采集系统。

【数据字段】

区县、供电所、户名、户号、地址、联系电话、电压等级、合同容量、运行容量、负荷点数。

【防范措施】

（1）常态化开展业务宣贯与培训，加强一线工作人员的合规意识，做到 160kW 及以下容量低压用户应接尽接。

（2）开展事后业务稽查，对低压容量开放落实不到位的单位及个人加大考核力度。

（3）加强白名单管理，对路灯、泵站、基站项目，对接入点附近无公变可接入的，在营销 2.0 系统中进行白名单申请，上级部门审核通过后方可实施。

【分类】

事后稽查。

五、业扩报装容量核定异常

【风险描述】

存在违规帮助用户规避功率因数考核、滥用小微权力风险。

【文件依据】

《供电营业规则》（国家发改委令 2024 年第 14 号）第四十五条：无功电力应当就地平衡。用户应当在提高用电自然功率因数的基础上，按照有关标准设计和安装无功补偿设备，并做到随其负荷和电压变动及时投入或切除，防止无功电力倒送。除电网有特殊要求的用户外，用户在当地供电企业规定的电网高峰负荷时的功率因数，应当达到下列规定：

100kVA 以上高压供电的用户，功率因数为 0.90 以上；其他用户和大、中型电力排灌站、趸购转售电企业，功率因数为 0.85 以上；农业用电，功率因数为 0.80。

凡功率因数不能达到上述规定的新用户，供电企业可以拒绝接电。对已送电的用户，供电企业应当督促和帮助用户采取措施，提高功率因数。对在规定期限内仍未采取措施达到上述要求的用户，供电企业可以中止或限制供电。功率因数调整电费办法按照国家规定执行。

【规则及阈值】

（1）抽取报装容量在 95~100kVA 之间且上月最高负荷大于 100kVA 的低压用户清单，判断是否存在规避功率因数考核的情况。

（2）抽取报装容量在 155~160kVA 之间且上月最高负荷大于 160kVA 的低压用户清单，判断是否存在滥用小微权力问题。

【数据来源】

营销 2.0 系统。

【数据字段】

区县、供电所、户名、户号、地址、联系电话、电压等级、合同容量、运行容量、负荷点数。

【防范措施】

（1）常态化开展业务合规管理宣贯，指导供电所所长、班长提升业务合规意识，加强业务管理，避免小微权力泛滥。

（2）对存在违规帮助用户规避功率因数考核等严重情节的，严肃处理到个人，必要时由公司纪委介入调查。

【分类】

事后稽查。

六、疑似业扩流程压单

【风险描述】

存在业扩项目压单、体外循环嫌疑。

【文件依据】

（1）《关于全面提升“获得电力”服务水平持续优化用电营商环境的意见》（发改能源规〔2020〕1479 号）第三条：各供电企业要加强内部管控，创新技术手段和管理模式，加快业务办理速度和配套电网接入工程建设，实现用电报装业务各环节限时办理。

（2）《国网营销部关于印发全面治理业扩报装“体外循环”问题积极构建长效机制意见的通知》（营销营业〔2022〕2 号）第三条：自动比对工单流转时间与受电工程实施进度，对涉嫌“体外循环”的工单，予以提醒预警。

【规则及阈值】

抽取符合如下条件的高压新装、增容流程：

（1）业务受理环节完成与供电方案答复环节完成时间间隔 <24h。

（2）供电方案答复环节完成与设计文件受理环节完成时间间隔 <24h。

（3）设计文件审核环节完成与中间检查受理环节完成时间间隔 <24h。

（4）供电方案答复环节完成与竣工报验环节完成时间间隔 <24h。

（5）中间检查环节完成与竣工报验环节完成时间间隔 <24h。

【数据来源】

营销 2.0 系统。

【数据字段】

区县、供电所、户名、户号、流程号、电压等级、合同容量、业务受理完成时间、供电方案答复完成时间、设计文件受理完成时间、设计文件审核完成时间、中间检查受理完成时间、中间检查完成时间、竣工报验完成时间、竣工验收完成时间、送电完成时间。

【防范措施】

严格遵照《国网营销部关于印发全面治理业扩报装“体外循环”问题积极构建长效机制意见的通知》（营销营业〔2022〕2 号）等文件工作要求，实现受理统一规范、关键环节线上流转、工单处理同步进行、监管环节时限达标。

【分类】

事后稽查。

七、高可靠性供电费收取标准差错

【风险描述】

存在高可靠性供电费错收未收风险（需现场核实）。

【文件依据】

《浙江省物价局关于降低高可靠性供电和临时接电费用收费标准的通知》（浙价资〔2017〕46 号）第一条：对申请新装及增加用电容量的两路及以上多回路供电（含备用电源、保安电源）用电户，除供电容量最大的供电回路外，对其余供电回路按规定收取高可靠性供电费用。

【规则及阈值】

抽取符合如下条件的高压新装流程：

（1）抽取电源数量为双、多电源（剔除联络方式为高、低压均不联络），且未收取高可靠性供电费的高压新装增容用户。

（2）抽取电源数量为双、多电源，电源类型为专线，电压等级为 10kV，高可靠性供电费收取单价为 200 元 /kVA 的高压新装增容用户。

（3）抽取电源数量为双、多电源，用户类别为小区物业专变用电，电压等级为

10kV，高可靠性供电费收取单价为 200 元 /kVA 的高压新装用户。

【数据来源】

营销 2.0 系统。

【数据字段】

区县、供电所、户名、户号、流程编号、业务类型、行业类别、用电分类、申请容量、原有容量、合计容量、是否符合《国务院办公厅转发国家发展改革委等部门关于清理规范城镇供水供电供气供暖行业收费促进行业高质量发展意见的通知》(国办函〔2020〕129 号)、投资模式、取得土地时间、线路 1 电源性质、线路 2 电源性质、电源联络方式、高可靠性供电费收取标准、高可靠性供电费收取容量、高可靠性供电费合计收取费用。

【防范措施】

(1) 定期开展客户经理人员“人人过关”培训，提升客户经理人员业务水平。

(2) 加强方案审核，在供电方案审核环节，各区县公司营销部主任亲自审核。

【分类】

事后稽查。

八、供电方案未一次答复

【风险描述】

存在供电方案随意修改、影响用户选择设计施工单位的嫌疑。

【文件依据】

《国网营销部关于印发全面治理业扩报装“体外循环”问题积极构建长效机制意见的通知》(营销营业〔2022〕2 号) 附件二：现场勘察时，对具备直接答复供电方案条件的，直接答复客户；不具备直接答复条件，在规定时限内通过“办电 e 助手”、微信、邮寄或送达等方式答复客户。

【规则及阈值】

抽取统计期间内，高低压新装 (增容) 业务供电方案非一次答复的流程，包括 95598 回访发现供电方案未一次答复 (客户直接反映或客服发现涉嫌) 的情况，以及营销 2.0 系统中存在两条及以上“供电方案答复”环节记录的工单。

【数据来源】

营销 2.0 系统、95598 平台。

【数据字段】

区县、供电所、户名、户号、流程编号、工单名称、申请合计容量、业务受理接收时间、业务受理完成时间、第一次供电方案答复接受时间、第一次供电方案答复完成时间、第二次供电方案答复接收时间、第二次供电方案答复完成时间。

【防范措施】

（1）定期开展客户经理人员“人人过关”培训，提升客户经理人员业务水平，避免供电方案反复修改。

（2）加强方案审核，在供电方案审核环节，各区县公司营销部主任亲自审核。

【分类】

事后稽查。

九、电力外线分担机制落实不到位

【风险描述】

存在《国务院办公厅转发国家发展改革委等部门关于清理规范城镇供水供电供气供暖行业收费促进行业高质量发展意见的通知》（国办函〔2020〕129号）落实不到位、用户多出资的风险。

【文件依据】

《国务院办公厅转发国家发展改革委等部门关于清理规范城镇供水供电供气供暖行业收费促进行业高质量发展意见的通知》（国办函〔2020〕129号）第二部分第五条：在城镇规划建设用地范围内，供水供电供气供热单位的投资界面应延伸至用户建筑区红线，除法律法规和相关政策另有规定外，不得由用户承担建筑区划红线外发生的任何费用。从用户建筑区划红线连接至公共管网发生的入网工程建设，由供水供电供气供热单位承担的部分，纳入单位经营成本；按规定由政府承担的部分，应及时拨款委托供水供电供气供热单位建设，或者由政府直接投资建设。

【规则及阈值】

抽取系统内标签为“符合《国务院办公厅转发国家发展改革委等部门关于清理规范城镇供水供电供气供暖行业收费促进行业高质量发展意见的通知》（国办函〔2020〕129号）”、出资方式为“用户出资”或“供电单位出资”的高压新装流程。

【数据来源】

营销2.0系统。

【数据字段】

区县、供电所、户名、户号、流程编号、流程开始时间、流程完成时间、业务类型、工单状态、当前环节、是否符合《国务院办公厅转发国家发展改革委等部门关于清理规范城镇供水供电供气供暖行业收费促进行业高质量发展意见的通知》（国办函

〔2020〕129 号）、投资模式、取得土地时间、投资金额。

【防范措施】

（1）对符合《国务院办公厅转发国家发展改革委等部门关于清理规范城镇供水供电供气供暖行业收费促进行业高质量发展意见的通知》（国办函〔2020〕129 号）的项目，分担机制执行情况由各区县公司业扩专职逐一核实。

（2）在供电方案答复、设计文件审核、中间检查、竣工报验等环节。

【分类】

事后稽查。

十、供电单位计量装置违规收费

【风险描述】

涉嫌以其他名义直接或间接向用户收取不合理费用。

【文件依据】

《国家发展改革委 国家能源局关于全面提升“获得电力”服务水平 持续优化用电营商环境的意见》（发改能源规〔2020〕1479 号）第十条：各供电单位要依法依规规范用电报装收费，为市场主体提供稳定且价格合理的用电报装服务，不得以任何名义直接或通过关联单位向用户收取不合理费用。

【规则及阈值】

客户通过公司或政府渠道反映的供电公司违规收取计量装置费用方面的意见、投诉、举报等，对核查属实的，标记为“涉嫌违规收费”（剔除高压客户红线内随高压设备配套安装的互感器由客户出资的情况）。

【数据来源】

营销 2.0 系统、95598 平台。

【数据字段】

月份、国网工单编号、业务类型、一级分类、二级分类、业务子类、上级单位、服务区域、受理时间、用户编号、联系电话、联系地址、受理内容、处理结果。

【防范措施】

（1）大力开展电话、短信回访。

（2）定期开展专项稽查活动。

【分类】

事后稽查。

十一、验收接入环节费用违规收费

【风险描述】

涉嫌以其他名义直接或间接向用户收取不合理费用，疑似增加用户用电投资成本。

【文件依据】

《国家发展改革委国家能源局关于全面提升“获得电力”服务水平持续优化用电营商环境的意见》（发改能源规〔2020〕1479 号）第十条：各供电单位要依法依规规范用电报装收费，为市场主体提供稳定且价格合理的用电报装服务，不得以任何名义直接或通过关联单位向用户收取不合理费用。对于居民用户和已承诺实行“三零”服务的低压非居民用户要确保做到办电“零投资”。

【规则及阈值】

客户通过公司或政府渠道反映的供电单位及其所属或委托的安装工程公司违规收取环境监测费、高压电缆介质损耗试验费、高压电缆震荡波试验费、低压电缆试验费、低压计量检测费、互感器试验费、网络自动化费、配电室试验费、开闭站集资费、调试费、移表费、计量装置赔偿费等相关费用方面的意见、投诉、举报等，标记为“涉嫌违规收费”。

【数据来源】

营销 2.0 系统。

【数据字段】

区县、供电所、户名、户号、流程编号、施工单位、设计单位、档案资料（电气试验报告）、95598 工单、工单内容。

【防范措施】

（1）严格遵照《国家发展改革委　国家能源局关于全面提升“获得电力”服务水平　持续优化用电营商环境的意见》（发改能源规〔2020〕1479 号）等文件工作要求，实现依法依规收费，杜绝违约收费，降低用户办电成本。

（2）加强业务费收费管理，规范业务费收费范围，合法合规收取业务费。

（3）构建长效机制、巩固治理成果，各单位以“业务费违规收取”专项治理为契机，要进一步深化专业协同，优化工作流程，完善管理体制和内控机制，深化“阳光收费”长效机制，及时发现问题并督促整改，不断提升客户服务能力和水平。

【分类】

事后稽查。

十二、重要用户自备应急电源配置错误

【风险描述】

“重要用户”未配置自备电源的，存在安全用电风险（需现场核实）。

【文件依据】

《国家电网公司业扩供电方案编制导则》（Q/GDW 12259—2022）附件E：用户对重要保安负荷配备足额容量的自备应急电源及非电性质保安措施。

【规则及阈值】

抽取用营销2.0系统用户重要性等级为“重要用户”且“有无自备电源”字段为“无自备电源”用户的高压新装、增容流程。

【数据来源】

营销2.0系统。

【数据字段】

区县、供电所、户名、户号、流程编号、重要性等级、受电点名称、电源数目、有无自备电源。

【防范措施】

（1）严格遵照《国家电网公司业扩供电方案编制导则》等文件工作要求，实现重要用户自备电源全配置，杜绝违规现象，提升重要用户供电可靠性。

（2）定期在新装流程中抽取“重要用户”清单，对未配置自备电源的用户进行提示。

（3）通过站内信的形式告知对应网格客户经理相关风险内容。

【分类】

事后稽查。

十三、临时用电违规转供电

【风险描述】

临时用电不允许违规转供电（需现场核实）。

【文件依据】

《供电营业规则》（国家发改委令2024年第14号）第十四条：对基建施工、农田水利、市政建设等非永久性用电，可以供给临时电源。临时用电期限一般不得超过3年，如需办理延期的，应当在到期前向供电单位提出申请；逾期不办理延期或永久性正式用电手续的，供电单位应当终止用电。

使用临时电源的用户不得向外转供电，不得私自改变用电类别，供电企业不受理除更名、过户、销户、变更交费方式及联系人信息以外的变更业务。临时用电不得作为正式用电使用。如需改为正式用电，应按新装用电办理。

因突发事件需要紧急用电时，供电单位应迅速组织力量，架设临时电源供电。架设临时电源所需的工程费用和应付的电费，由地方人民政府有关部门负责从救灾经费中拨付。

【规则及阈值】

（1）抽取临时用电标志为“是”且转供标志为“转供户”和“被转供电”的用户清单。

（2）高压新装、增容、改类流程中抽取转供电标志为“是”，且计费关系相关联用户为临时用户的流程。

【数据来源】

营销 2.0 系统。

【数据字段】

区县、供电所、户名、户号、临时用电标志、转供标志、计费关系、关联用电户户号、关联用电户户名。

【防范措施】

（1）严格遵照《供电营业规则》等文件工作要求，实现临时电源的用户不得向外转供电，也不得转让给其他用户的用电要求，杜绝临时用户违规转供。

（2）对在途高压新装、增容、改类流程中抽取转供电标志为“是”，且计费关系相关联用户为临时用户的流程进行预警，并以站内信形式告知对应客户经理。

（3）开展专项稽查，对存量临时用电违规转供电情况开展整改。

【分类】

事后稽查。

十四、专线用户线损执行异常

【风险描述】

专线用户涉嫌少计收线损费用（需现场核实）。

【文件依据】

《供电营业规则》（国家发改委令 2024 年第 14 号）第七十七条：电能计量装置原则上应当装在供电设施的产权分界处。如产权分界处不适宜装表的，对专线供电的高压用户，可以在供电变压器出口装表计量；对公用线路供电的高压用户，可在用户受电装置的低压侧计量。当电能计量装置不安装在产权分界处时，线路与变压器损耗的有功与无功电量均须由产权所有者负担。在计算用户容（需）电费（按最大需量计收时）、电度电费及功率因数调整电费时，应将上述损耗电量计算在内。

【规则及阈值】

抽取用户电源类型为专线、计量装置安装位置为用户侧、线损计收标志或线损计费标志为“否”的用户清单。

【数据来源】

营销 2.0 系统。

【数据字段】

区县、供电所、户名、户号、电源类型、电源编号、计量装置安装位置、线损计算方式、线损计费标志。

【防范措施】

（1）严格遵照《供电营业规则》等文件工作要求，实现用电计量装置不安装在产权分界处时线路损耗正确分摊，杜绝线损违规分摊。

（2）定期对存量电源类型为专线、线损不计算的用户开展专项稽查，并进行整改。

【分类】

事后稽查。

十五、业扩时限超长预警

【风险描述】

涉嫌超国家规定环节时限。

【文件依据】

《国家发展改革委国家能源局关于全面提升“获得电力”服务水平持续优化用电营商环境的意见》（发改能源规〔2020〕1479 号）第十三条：各供电单位要规范用电报装服务，制定用电报装工作流程、办理时限、办理环节、申请资料等服务标准和收费项目目录清单，及时做优化调整并向社会公开；要及时公布本地区配电网接入能力和容量受限情况。2020 年年底前，供电单位要完成服务标准和收费项目目录清单制定工作，并在移动客户端、营业场所等渠道予以公开；要将 12398 能源监管热线和 95598 等供电服务热线同步、同对象公布到位，保障用户知情权。各地电力接入工程审批相关部门要按照《优化营商环境条例》要求，通过政府网站、全国一体化在线政务服务平台，向社会公布电力接入工程审批相关政策文件；各省级价格主管部门制定或调整涉及终端电力用户用电价格政策文件时，提前一个月向社会公布，提高电费透明度。

【规则及阈值】

（1）在途未完成装表接电环节的低压非居民新装增容流程总时长大于或等于 9 个自然日标记为超长流程预警，剔除已申请超长白名单的流程。

（2）在途未完成装表接电环节的低压居民新装增容流程总时长大于或等于 4 个工作日标记为超长流程预警。

【数据来源】

营销 2.0 系统。

【数据字段】

区县、供电所、户名、户号、流程编号、业务类型、需求类型、环节名称、环节开始时间、环节结束时间。

【防范措施】

（1）严格遵照《国家发展改革委　国家能源局关于全面提升“获得电力”服务水平　持续优化用电营商环境的意见》（发改能源规〔2020〕1479 号）等文件工作要求，规范用电报装办理环节、办理时限、严格遵循电力业务环节时限，提升业扩项目报装进度及时限管控。

（2）每日对即将超业扩时限的流程进行预警，督促对应客户经理完成相应环节。

【分类】

事中预警。

十六、新装电价选择错误

【风险描述】

涉嫌违规帮助客户节省电费。

【文件依据】

《国家发展改革委关于第三监管周期省级电网输配电价及有关事项的通知》（发改价格〔2023〕526 号）第三条：执行工商业（或大工业、一般工商业）用电价格的用户（以下简称“工商业用户”）：用电容量在 100kVA 及以下的，执行单一制电价；100~315kVA 之间的，可选择执行单一制或两部制电价；315kVA 及以上的，执行两部制电价，现执行单一制电价的用户可选择执行单一制电价或两部制电价。选择执行需量电价计费方式的两部制用户，每月每千伏安用电量达到 260kWh 及以上的，当月需量电价按本通知核定标准 90% 执行。每月每千伏安用电量为用户所属全部计量点当月总用电量除以合同变压器容量。

【规则及阈值】

（1）在 2023 年 6 月 1 日后申请的高压新装且容量在 315kVA 及以上，电价执行单一制的工商业用户。

（2）在 2023 年 6 月 1 日后申请过户，且过户后用户容量在 315kVA 及以上，电价执行单一制的工商业用户。

【数据来源】

营销 2.0 系统。

【数据字段】

区县、供电所、户名、户号、流程编号、业务类型、需求类型、环节名称、环节开始时间、环节结束时间、执行电价、用电类别、定价策略、基本电费计算方式。

【防范措施】

（1）严格遵照《国家发展改革委关于第三监管周期省级电网输配电价及有关事项的通知》（发改价格〔2023〕526 号）等文件工作要求，规范核定第三监管周期各用户应执行电价，杜绝因用户电价核定差错导致的电价电费相关问题。

（2）定期抽取在途流程进行抽查是否存在电价选择错误。

（3）开展专项稽查对存量电价电费选择错误用户进行电费退补工作。

【分类】

事后稽查。

十七、临时性减容超期预警

【风险描述】

涉嫌用户违规用电。

【文件依据】

《供电营业规则》（国家发改委令 2024 年第 14 号）第二十五条：用户减容分为永久性减容和非永久性减容，须向供电企业提出申请。供电企业应当按照下列规定办理：

（1）高低压用户均可以办理减容业务，自减容之日起，按照减容后的容量执行相应电价政策；高压供电的用户，减容应当是整台或整组变压器（含不通过受电变压器的高压电动机）的停止或更换小容量变压器用电，根据用户申请的减容日期，对非永久性减容的用户设备进行加封，对永久性减容的用户受电设备拆除电气连接。

（2）申请非永久性减容的，减容次数不受限制，每次减容时长不得少于 15 日，最长不得超过 2 年；2 年内恢复的按照减容恢复办理，超过 2 年的应当按照新装或增容办理。

（3）用户申请恢复用电时，容（需）量电费从减容恢复之日起按照恢复后的容（需）量计收；实际减容时长少于15日的，停用期间容（需）量电费正常收取；非永久性减容期满后用户未申请恢复的，供电企业可以延长减容期限，但距用户申请非永久性减容时间最多不超过2年，超过2年仍未申请恢复的，按照永久性减容办理。

（4）申请永久性减容的，应当按照减容后的容量重新签订供用电合同；永久性减少全部用电容量的，按照销户办理；办理永久性减容后需恢复用电容量的，按照新装或增容办理。

【规则及阈值】

抽取用户临时性减容超过700个自然日的用户清单。

【数据来源】

营销2.0系统。

【数据字段】

区县、供电所、户名、户号、流程编号、业务类型、需求类型、环节名称、环节开始时间、环节结束时间、停电标志、变压器运行状态、变压器实际停用日期。

【防范措施】

（1）严格遵照《供电营业规则》等文件工作要求，实现办理减容业务用户变压器停用时间合规。

（2）定期开展存量临时性兼容用户超680个自然日的预警及告知工作，让用户知晓相关规则并及时办理相关业务流程。

【分类】

事后稽查。

第二节　电价电费数字化合规稽查

一、临时用电电价执行异常

【风险描述】

存在违约用电嫌疑，致使供电公司电费流失。

【文件依据】

《浙江省物价局关于调整省电网销售电价有关事项的通知》（浙价资〔2011〕382号）附件二：临时用电执行一般工商业电价。

【规则及阈值】

（1）临时用电标志为“是”，不执行一般工商业电价。

（2）临时用电存在多个计量点。

（3）定价策略为“两部制”；功率因数标准不为“不考核”。

【数据来源】

营销 2.0 系统。

【数据字段】

区县、服务区、户号、户名、地址、执行电价、用电类别、行业分类、电压等级、定价策略、功率因数标准。

【防范措施】

（1）认真学习电价文件、供电营业规则、功率因数调整办法。

（2）定期对临时用电进行现场检查，了解用户临时用电时长需求。

【分类】

事后稽查。

二、电动汽车充电设施电价执行异常

【风险描述】

（1）电价错误执行，漠视侵害群众利益，易引发投诉，存在供电服务风险。

（2）易造成国有资产流失。

【文件依据】

《国网浙江省电力有限公司关于请示明确电动汽车充换电设施用电价格政策落地相关事项的函》（浙电函〔2024〕10 号）第二条：居民或执行居民电价的非居用户单独向电网报装且不对外经营的充换电设施，执行居民电价，是否分时选定后 12 个月保持不变。其他场所向电网单位报装的经营性集中式充换电设施，具备充换电服务等资质，执行大工业电价。

【规则及阈值】

（1）充电桩标志为“是”，行业分类为“城镇居民”或“乡村居民”；一级计量点未执行居民生活（充电设施）电价或居民合表电价。

（2）一级计量点执行大工业（充电设施）单费率电价、居民生活（充电设施）单费率电价。

（3）执行大工业（充电设施）电价或居民生活（充电设施）电价，且充电桩标志为“否”。

（4）一级计量点执行大工业（充电设施）电价，定价策略为单一制。

（5）一级计量点执行大工业（充电设施）电价，基本电费计算方式不为不计算。

【数据来源】

营销 2.0 系统。

【数据字段】

区县、服务区、户号、户名、地址、执行电价、用电类别、行业分类、电压等级、执行峰谷标志、定价策略。

【防范措施】

（1）认真学习《国网浙江省电力有限公司关于请示明确电动汽车充换电设施用电价格政策落地相关事项的函》（浙电函〔2024〕10 号）。

（2）开展业务人员电价政策知识培训，熟悉有关电价政策文件，提高判断充电桩电价异常问题的能力。

【分类】

事后稽查。

三、一、二级计量点电价执行异常

【风险描述】

（1）电价错误执行，漠视侵害群众利益，易引发投诉，存在供电服务风险。

（2）易造成国有资产流失。

【文件依据】

《供电营业规则》（国家发改委令 2024 年第 14 号）第七十三条：供电企业应当在用户每一个受电点内按照不同电价类别，分别安装电能计量装置，每个受电点作为用户的一个计费单位。用户为满足内部核算的需要，可以自行在其内部装设考核能耗用的电能表，但该表所示读数不得作为供电企业计费依据。

【规则及阈值】

一、二级计量点执行相同电价的用户。

【数据来源】

营销 2.0 系统。

【数据字段】

区县、服务区、户号、户名、地址、一级 / 二级计量点执行电价、用电类别、行业分类、电压等级。

【防范措施】

（1）认真学习《供电营业规则》。

（2）在现场查勘时准确地确认好用户计量点电价。

【分类】

事后稽查。

四、电价时段与电能表时段不一致

【风险描述】

电能表时段与分时电价时段不一致将导致分时电量与分时电价对应关系错误，分时电费结算错误。

【文件依据】

《电能计量装置技术管理规程》(DL/T 448—2016) 6.4 中 n)：电能计量装置配置原则执行功率因数调整电费的电力用户，应配置计量有功电量、感性和容性无功电量的电能表；按最大需量计收基本电费的电力用户，应配置具有最大需量计量功能的电能表；实行分时电价的电力用户，应配置具有多费率计量功能的电能表；具有正、反向送电的计量点应配置计量正向和反向有功电量以及四象限无功电量的电能表。

【规则及阈值】

(1) 执行大工业三费率电价的计量点未配大工业时段的电能表。

(2) 执行一般工商业三费率电价的计量点未配一般工商业时段的电能表。

(3) 执行居民两费率电价的计量点错配大工业或一般工商业时段的电能表。

【数据来源】

营销 2.0 系统。

【数据字段】

区县、服务区、户号、户名、执行电价、表计类型。

【防范措施】

(1) 认真学习《电能计量装置技术管理规程》(DL/T 448—2016)。

(2) 加强严格按照电价分时时段配表，执行大工业电价的计量点需配大工业时段的电能表，执行一般工商业电价的计量点需配一般工商业时段的电能表，执行居民两费率电价的计量点需配居民电能表。

【分类】

事后稽查。

五、无功示数应抄未抄

【风险描述】

无功未抄将导致无功电费计算差错，存在供电服务风险和国有资产流失。

【文件依据】

《国家电网有限公司电费抄核收管理办法》[国网(营销/3)273—2019]第二十七条：抄表示数上传后24h内，应按抄表数据审核规则，完成全部审核工作，对自动抄表数据失败、数据异常的应立即发起补抄和异常处理，特殊原因当天来不及到现场补抄的，应在第二天完成补抄，抄表数据核对无误后，在规定时限内将流程传递至下一环节。

【规则及阈值】

（1）执行力调考核用户，低供低计、高供高计用户无无功 Q_1 象限或无功 Q_4 象限示数，高供低计用户无无功 Q_1 象限示数。

（2）执行力率考核用户，结算期抄见无功电量为0但有功电量不为0。

【数据来源】

营销2.0系统。

【数据字段】

（1）区县、服务区、户号、户名、出账年月、合同容量、计量方式、无功 Q_1 象限示数、无功 Q_4 象限示数。

（2）区县、服务区、户号、户名、出账年月、合同容量、有功电量、无功电量。

【防范措施】

对抄表数据进行仔细审核。

【分类】

事后稽查。

六、执行电价与电能表计度器不匹配

【风险描述】

执行电价与电能表计度器不匹配，尖峰平谷电量、最大需量、无功电量及上网电量等电量计量错误，导致分时电费、基本电费、冰蓄冷优惠电费、力调电费、上网电费等计收错误，对供电公司和用户造成经济损失。

【文件依据】

《电能计量装置技术管理规程》(DL/T 448—2016)6.4中n)：电能计量装置配置原则执行功率因数调整电费的电力用户，应配置计量有功电量、感性和容性无功电量的电能表；按最大需量计收基本电费的电力用户，应配置具有最大需量计量功能的电能表；实行分时电价的电力用户，应配置具有多费率计量功能的电能表；具有正、反向送电的计量点应配置计量正向和反向有功电量以及四象限无功电量的电能表。

【规则及阈值】

（1）执行单费率用户勾选正向有功（尖峰）、正向有功（峰）、正向有功（平）、正向有功（谷）计度器。

（2）执行两费率电价的计量点未配置谷计度器。

（3）执行大工业电价的计量点未配置正向有功（尖峰）、正向有功（峰）、正向有功（平）、正向有功（谷）计度器。

（4）执行高压一般工商业用户选择峰谷电的未配置正向有功（尖峰）、正向有功（峰）、正向有功（平）、正向有功（谷）计度器（该条 2024 年 6 月 1 日执行）。

（5）执行高压一般工商业用户选择单费率用户勾选正向有功（尖峰）、正向有功（峰）、正向有功（平）、正向有功（谷）计度器。

（6）执行低压一般工商业用户选择执行峰谷电的未配置正向有功（尖峰）、正向有功（峰）、正向有功（平）、正向有功（谷）计度器（该条 2024 年 9 月 1 日执行）。

（7）执行低压一般工商业用户选择单费率用户勾选正向有功（尖峰）、正向有功（峰）、正向有功（平）、正向有功（谷）计度器。

（8）执行冰蓄冷电价的计量点未配置谷计度器。

（9）发电用户未勾选反向有功总计度器。

【数据来源】

营销 2.0 系统。

【数据字段】

区县、服务区、户号、户名、执行电价、缺失计度器。

【防范措施】

（1）严格按照电价特点配置计度器。

（2）工作人员在流程环节仔细检查核实。

【分类】

事前校验 / 事后稽查。

七、居民峰谷电价执行异常

【风险描述】

会导致电价执行错误需退补。

【文件依据】

《浙江省物价局关于调整省电网销售电价有关事项的通知》（浙价资〔2011〕382 号）第四条：分时电价执行范围为居民生活用电。

【规则及阈值】

（1）低压居民新装、改类时备注“峰谷”或勾选峰谷电标志，但一级计量点电价不为居民生活（一户一表）两费率电价，剔除充电桩用户。

（2）峰谷电标志为“是”的低压居民用户，未勾谷计度器或错勾尖计度器。

【数据来源】

营销 2.0 系统。

【数据字段】

区县、服务区、户号、户名、地址、执行电价策略、一级计量点电价、用电类别、行业分类、电压等级、执行峰谷标志。

【防范措施】

可以在新装流程中增加强制性门禁校验。

【分类】

事前校验 / 事后稽查。

八、学校电价执行异常

【风险描述】

会导致电价执行错误需退补。

【文件依据】

浙江省物价局《关于转发国家发展改革委调整销售电价分类结构有关问题的通知》（浙价资〔2013〕273 号）附件：学校教学和学生生活用电：是指学校的教室、图书馆、实验室、体育用房、校系行政用房等教学设施，以及学生食堂、澡堂、宿舍等学生生活设施用电。执行居民用电价格的学校，是指经国家有关部门批准，由政府及其有关部门、社会组织和公民个人举办的公办、民办学校，包括：

（1）普通高等学校（包括大学、独立设置的学院和高等专科学校）。

（2）普通高中、成人高中和中等职业学校（包括普通中专、成人中专、职业高中、技工学校）。

（3）普通初中、职业初中、成人初中。

（4）普通小学、成人小学。

（5）幼儿园（托儿所）。

（6）特殊教育学校（对残障儿童、少年实施义务教育的机构）。不含各类经营性培训机构，如驾校、烹饪、美容美发、语言、电脑培训等。

【规则及阈值】

（1）执行居民合表电价、户名或地址中含有培训、少年宫、成人大学、老年大学、艺术等，且户名不包含幼儿园、小学、初中、高中、职业、技工的用户清单。

（2）一级计量点执行非居民合表电价，用户名称中含有幼儿园、小学、初中、高中、成人高中、技工学校、大学等或行业分类为“学前教育”“初等教育”“中等教育”“高等教育”。

【数据来源】

营销 2.0 系统。

【数据字段】

区县、服务区、户号、户名、地址、执行电价策略、一级计量点电价、用电类别、行业分类、电压等级。

【防范措施】

严格学习性质的认定。

【分类】

事后稽查。

九、部队狱政电价执行异常

【风险描述】

会导致电价执行错误需退补。

【文件依据】

（1）《省发展和改革委关于浙江电网 2020—2022 年输配电价和销售电价有关事项的通知》（浙发改价格〔2020〕364 号）第二条：部队、狱政用电执行居民用电合表电价。

（2）《浙江省物价局关于调整省电网销售电价有关事项的通知》（浙价资〔2011〕382 号）中附件二：部队、狱政用电指部队用电（包括武警部队用电）、狱政用电（包括劳改、劳教单位用电），但上述各类用电不包括其所办企业的生产经营性用电。

【规则及阈值】

（1）户名或地址中含有“部队”“监狱”“劳改”“劳教”“看守所”等，一级计量点未执行“居民合表”电价。

（2）户名或地址中含“消防”，未执行一般工商业电价，剔除户名或地址中含“水泵”“泵”“小区”。

【数据来源】

营销 2.0 系统。

【数据字段】

区县、服务区、户号、户名、地址、执行电价策略、一级计量点电价、用电类别、行业分类、电压等级。

【防范措施】

严格部队与消防的区分。

【分类】

事后稽查。

十、物业用电执行异常

【风险描述】

会导致电价执行错误需退补。

【文件依据】

《浙江省物价局关于调整省电网销售电价有关事项的通知》（浙价资〔2011〕382 号）附件二：居民生活用电包括城乡居民住宅及其附属设施（指楼道灯、住宅楼电梯、水泵、小区及村庄内路灯、物业管理、门卫、消防、车库）等生活用电。

【规则及阈值】

一级计量点执行居民合表电价，行业分类为“物业管理”，户名或地址中含公寓、商铺、商场等。

【数据来源】

营销 2.0 系统。

【数据字段】

区县、服务区、户号、户名、地址、执行电价策略、一级计量点电价、用电类别、行业分类、电压等级。

【防范措施】

严格商业用电与小区物业用电之间的区别。

【分类】

事后稽查。

十一、一户多人口用电执行异常

【风险描述】

会导致电价执行错误需退补。

【文件依据】

《浙江省发展改革委关于完善居民阶梯电价“一户多人口”政策执行等有关事项的通知》(浙发改价格函〔2020〕554号)第一、三条：居民阶梯电价“一户多人口”政策执行范围为持本省公安部门核发的《居民户口簿》《浙江省居住证》等在同一住址共同居住生活的居民(包括持其他本省合法长期居住证明的境外人士)，累计人数满5人及以上可申请每户每月增加100kWh的阶梯电量基数，累计人数满7人及以上可申请居民合表电价。居民用户应该是实行“一户一表”的城乡居民用户。居民用户原则上以住宅为单位，一个房产证明对应的住宅为一“户”。没有房产证明的，以供电企业为居民安装的电表(合表用户除外)为单位。每位居民用户只能在1个住址申请办理，不能在多个住址重复办理。

【规则及阈值】

(1)执行一户多人口电价用户，但营销2.0系统中无一户多人口信息。

(2)执行一户多人口电价用户，但时限超2年(过期)或接近过期2个月内，如接近2个月则以预警形式发送。

(3)执行一户多人口电价用户，且执行居民合表电价，但登记的人口信息少于7人。

(4)一户多人口电价用户信息中同一证件号在同一段有效期内存在于多个用电户号。

【数据来源】

营销2.0系统。

【数据字段】

区县、服务区、户号、户名、地址、执行电价策略、人员数量、生效日期、失效日期、一户多人口证件号。

【防范措施】

严格一户多人口信息审核。

【分类】

事后稽查。

十二、社会救助对象用电执行异常

【风险描述】

会导致电价执行错误需退补。

【文件依据】

《浙江省发展改革委关于完善居民阶梯电价“一户多人口”政策执行等有关事项的通知》（浙发改价格函〔2020〕554 号）第三条：居民用户应该是实行“一户一表”的城乡居民用户。居民用户原则上以住宅为单位，一个房产证明对应的住宅为一“户”。没有房产证明的，以供电企业为居民安装的电表（合表用户除外）为单位。每位居民用户只能在 1 个住址申请办理，不能在多个住址重复办理。

【规则及阈值】

（1）近 3 年内，电费信息中存在享受社会救助对象优惠电费，但营销 2.0 系统中无社会救助对象信息。

（2）目前系统中存在有效期内的社会救助对象信息，但未享受社会救助对象优惠电费。

（3）社会救助对象信息中同一证件号在同一段有效期内存在于多个用电户号。

【数据来源】

营销 2.0 系统。

【数据字段】

区县、服务区、户号、户名、地址、执行电价策略、社会救助对象信息、证件号、生效日期、失效日期。

【防范措施】

依据民政部门认定的社会救助对象资格结果，严格审核信息并执行。

【分类】

事后稽查。

十三、农业生产用电不规范预警

【风险描述】

（1）农业生产（排灌脱粒）较低或农业生产电价低于一般工商业电价，存在高价低接，经营受损的风险。

（2）存在人为错误选择较低电价的廉政风险。

【文件依据】

《国家发展改革委关于调整销售电价分类结构有关问题的通知》（发改价格〔2013〕973 号）附件：农业用电指各种农作物的种植活动用电，包括谷物、豆类、薯类、棉花、油料、糖料、麻类、烟草、蔬菜、食用菌、园艺作物、水果、坚果、含油果、饮料和香料作物、中药材及其他农作物种植用电。农业灌溉用电：指为农业生产服务的灌溉及排涝用电。农产品初加工用电：指对各种农产品（包括天然橡胶、纺织纤维原料）进行脱水、凝固、去籽、净化、分类、晒干、剥皮、初烤、沤软或大批包装以提供初级市场的用电。

【规则及阈值】

（1）执行纯农业排灌电价近 15 个月里有 12 个月用电量低压农排用户大于或等于 200kWh、高压农排用户大于或等于 500kWh 的用户。剔除目前执行定量定比的用户，即剔除低压连续 2 日采集电量小于 7kWh、高压连续 2 日采集电量小于 17kWh 的用户。

（2）客户户名中包含养殖、种植等，执行电价不为农业生产电价。

【数据来源】

营销 2.0 系统；采集系统。

【数据字段】

（1）区县、服务区、户号、户名、地址、执行电价、用电类别、行业分类、电压等级、近 15 个月用电量。

（2）区县公司、供电单位、户号、户名、地址、执行电价、用电类别、行业分类、电压等级。

【防范措施】

开展业务人员电价政策业务知识的培训，熟悉有关电价政策的文件，提高判断异常问题的能力；严格按规定开展日常用电管理，加强周期性现场用电检查，每年进行定量定比参数核定，加强电价政策执行的监管水平，从源头上防范经营管理风险确保电价执行正确。

【分类】

事后稽查。

十四、收费业务不合规预警

【风险描述】

（1）客户实际未交电费，收费人员进行虚假收费操作，造成国有资产流失。

（2）客户实际已通过银行转账等交费渠道倒交电费，收费人员坐收收费不规范，延长电费在途时间，影响电费销账。

【文件依据】

《国家电网有限公司电费抄核收管理办法》［国网（营销/3）273—2019］第十一条：严格执行电费账务管理制度。按照财务制度规定设置电费科目，建立客户电费明细账，做到电费应收、实收、预收、未收电费台账及银行电费对账台账（辅助账）等电费账目完整清晰、准确无误，确保电费明细账及总账与财务账目一致。

【规则及阈值】

（1）非现金坐收方式交费的用户，收费日期早于银行交易流水显示的到账日期。

（2）非现金坐收方式交费的用户，系统中交费方式为“电力网点交费”、渠道分类为“线下渠道”、支付方式为“进账单”形式的单笔解款金额与银行交易流水单笔金额不一致；坐收收费时输入的票据号码与客户方银行付款账号不一致。

【数据来源】

营销 2.0 系统；银行的交易流水。

【数据字段】

（1）区县、服务区、收费人员、收费时间、收费金额、银行资金到账日期、户号、户名。

（2）区县公司、供电单位、收费人员、解款时间、解款金额、票据号码、付款方账号、户号、户名。

【防范措施】

强化业务人员业务能力，严格按照日结日清要求，确保系统解款与所收现金、票据、进账单核对一致；加强解款核定监督，严格审核解款日期和银行进账日期不一致的记录。

【分类】

事后稽查。

十五、退市代购用户电价执行异常

【风险描述】

退市代购用户电价未按 1.5 倍执行，造成电费少收，存在供电服务风险，造成国家利益受损，同时影响市场化售电业务的发展。

【文件依据】

《国家发改委办公厅关于组织开展电网单位代理购电有关事项的通知》（发改办价格〔2021〕809 号）第二部分第五条：已直接参与市场交易，在无正当理由情况下改由电网单位代理购电的用户，用电价格由电网单位代理购电价格的 1.5 倍、输配电价、政府性基金及附加组成。

【规则及阈值】

用户属性由“零售”或“兜底”变成“退市代购”开始当月及以后终次电费中，电网代理购电电价非 1.5 倍价格，一直排查到用户属性变更为止。

【数据来源】

营销 2.0 系统。

【数据字段】

区县、服务区、户号、户名、市场化属性分类、执行电价。

【防范措施】

（1）加强市场化售电政策培训。

（2）强化稽查及时发现差错，并落实整改和考核机制。

（3）设置系统门禁，将市场化属性分类为“退市代购”与执行 1.5 倍代理购电价格强关联。

【分类】

事后稽查。

十六、自发自用电量基金和附加收取异常

【风险描述】

（1）自发自用电量基金和附加电价执行与电价政策不匹配，电价执行错误，漠视侵害群众利益，易引发投诉，存在供电服务风险，造成国家利益受损。

（2）为了让用户少交自发自用电量基金和附加资金，业务人员故意选择错误电价执行，使国家利益受损，存在廉政风险。

【文件依据】

（1）《国家电网公司关于印发分布式电源并网相关意见和规范（修订版）的通知》（国家电网办〔2013〕1781 号）第八条：分布式光伏发电系统自用电量不收取随电价征收的各类基金和附加。其他分布式电源系统备用费、基金和附加执行国家有关政策。

（2）《关于明确单位自备电厂有关收费政策的通知》（浙价商〔2004〕281 号）第一条：单位自备电厂的自发自用电量按国家规定的标准征收三峡工程建设基金（已取消）、农网还贷基金和城市公用事业附加费（已取消）等政府性基金及附加，征收适用范围为：除国家鼓励发展的资源综合利用、热电联产自备电厂之外的自备电厂。

（3）《关于单位自备电厂有关收费政策的通知》（浙发改价格〔2023〕204 号）第一条：除余热、余压、余气的单位自备电厂自发自用电量应交交叉补贴，我省第三监管周期基期交叉补贴标准为 0.0388 元 /kWh（含税），从 2023 年 6 月 1 日起执行。

【规则及阈值】

（1）客户电源类别为“分布式电源”且发电方式为天然气、生物质能、地热能、海洋能、资源综合利用发电等，消纳方式为自发自用余电上网，自用电的基金及附加未增

收“自备电厂代征基金 2”的异常用户清单。

（2）电厂性质为“自备电厂”，自用电的基金及附加未增收“自备电厂代征基金 4 或自备电厂代征基金 5”的异常用户清单。

【数据来源】

营销 2.0 系统。

【数据字段】

区县、服务区、户号、户名、电厂性质、客户电源类别、发电方式、执行电价。

【防范措施】

（1）开展业务人员电价政策业务知识培训，熟悉有关电价政策文件，提高判断自备电厂电价政策异常问题的能力。

（2）严格按电价政策文件中关于自备电厂电价政策的文件执行范围在系统中正确维护。

（3）加强自备电厂电价监督检查，定期组织开展专项稽查，确保电价执行正确。

（4）设置系统门禁，将电厂性质与相应应执行的电价进行强关联。

【分类】

事后稽查。

十七、基本电费计收异常

【风险描述】

（1）需量计度器未勾选以及减容基本电费少收等，可能产生大额差错电费。

（2）因各信息板块的“变电站 / 线路 / 台区”数据不对应，造成基本电费计算错误或变压器铜铁损电量计算错误。

（3）基本电费差错的产生，存在漠视侵害群众利益嫌疑，造成客户或公司利益受损。

【文件依据】

《供电营业规则》（国家发改委令 2024 年第 14 号）第二十五条：用户申请恢复用电时，容（需）量电费从减容恢复之日起按照恢复后的容（需）量计收；实际减容时长少于 15 日的，停用期间容（需）量电费正常收取。

【规则及阈值】

（1）抄见需量值错误，按需量计收基本电费未勾选需量计度器用户清单。

（2）基本电费少计，减容时长未满 15 天（部分跨抄表周期），系统未计收基本电费。

（3）执行两部制电价用户有电量无基本电费（剔除大工业充电桩电价污水处理、海水淡化、港口岸电电价）。

（4）接入方案——电源方案信息“变电站/线路/台区”“计量方案——计量点方案信息（变电站/线路/台区）”以及“受电设备信息中（站线台信息）”三者不一致。

【数据来源】

营销2.0系统。

【数据字段】

（1）区县、服务区、户号、户名、执行电价、计度器。

（2）区县、服务区、户号、户名、容量、基本电费计算值、减容开始时间、减容结束时间、减少容量。

（3）区县、服务区、户号、户名、容量、定价策略类型、月用电量、基本电费。

（4）区县、服务区、户号、户名、电源方案信息的变电站、电源方案信息的线路、电源方案信息的台区、计量点方案信息的变电站、计量点方案信息的线路、计量点方案信息的台区、受电设备信息的变电站、受电设备信息的线路、受电设备信息的台区。

【防范措施】

（1）加强基本电费电价政策的培训。

（2）强化稽查及时发现差错，并落实整改和考核机制。

（3）设置系统门禁，修改电价为需量计收基本电费时一定要选择需量计度器。

（4）将系统中电源方案信息、计量点方案信息和受电设备信息中的站线台信息同源管理，从根源上避免差错的发生。

【分类】

事后稽查。

十八、电费预收互转不规范预警

【风险描述】

存在因新形式多渠道的交费方式增加导致的诈骗可能性。

【文件依据】

《国家电网有限公司电费抄核收管理办法》［国网（营销/3）273—2019］第六十条：非关联户间的“预收互转”应执行审批制度，坚决杜绝利用预收电费违规进行非关联户冲抵等操作。

【规则及阈值】

导出：用电客户之间存在预收费互转流程，且互转金额合计超过1万元或次数超5次的用电客户，剔除转出转入户用电客户名称一致、有关联标识、托收用电客户。

【数据来源】

营销 2.0 系统。

【数据字段】

区县公司、供电单位、转出户户号、转出户户名、转出金额、转入户户号、转入户户名、转入金额预收互转流程号。

【防范措施】

强化业务人员业务能力，在受理预收互转流程时注意收资准确性，核对对应的交费凭证。

【分类】

事后稽查。

十九、解款、解款核定、二次销账不及时预警

【风险描述】

电费回收率及手工二次销账不规范。

【文件依据】

《国网浙江电力营销部关于印发进一步加强电费抄核收管理工作的通知（试行）》（浙电营字〔2021〕30 号）第四十五、六十四、六十六条：电费收取必须做到日结日清。解款后 3 个工作日内按照银行进账回单、解款清单完成解款核定，并上交财务。二次销账在解款核定后 5 个工作日内完成。

【规则及阈值】

（1）营销 2.0 系统中结算方式是现金和现金转账、收费后 24h 未解款的收费记录，剔除当天解款冲正和交费方式为自助终端交费的金额记录。

（2）解款后非 3 个工作日内解款核定的记录。

（3）解款核定后非 7 个工作日内完成二次销账记录。

【数据来源】

营销 2.0 系统。

【数据字段】

（1）区县公司、供电单位、收费时间、收费金额、解款时间、解款金额。

（2）区县、服务区、解款时间、解款金额、解款核定时间。

（3）区县、服务区、解款核定时间、解款核定金额、到账确认时间。

【防范措施】

强化业务人员业务能力，每日下午 4 点通过短信方式对对应工作人员进行提醒，提

升二次销账自动销账率。

【分类】

事后稽查。

二十、销户客户电费余额不为零预警

【风险描述】

优质服务不到位，电费账面不清，未做到应退尽退。

【文件依据】

《国网浙江省电力有限公司销户用户预收电费余额转营业外收入业务规则》（浙电营字〔2022〕32 号）第二章第四条：销户用户预收余额处理遵循主动服务、应退尽退、应转尽转的原则，严禁违规使用（互转）销户预收余额。

【规则及阈值】

营销 2.0 系统新增销户流程归档客户中，电费有余额的客户明细。

【数据来源】

营销 2.0 系统。

【数据字段】

区县公司、供电单位、户号、户名、销户流程号、销户流程归档时间、账户余额。

【防范措施】

强化业务人员业务能力，在受理销户流程的同时告知有预收余额的用户需办理退费手续。

【分类】

事后稽查。

第三节　计量采集数字化合规稽查

一、新投运或增减容改造后 I/ II / III 类电能计量装置未在带负荷运行一个月内进行特校

【风险描述】

（1）新投运或增减容改造后，计量错接线等引起计量不准或未计量，无法及时发现，造成电费损失难以追讨。

（2）新投运或增减容改造后，设备故障，无法及时发现，造成故障设备增加等。

【文件依据】

《电能计量装置技术管理规程》(DL/T 448—2016) 8.3 中 e):新投运或改造后Ⅰ/Ⅱ/Ⅲ类电能计量装置应在带负荷运行一个月内进行特校。

【规则及阈值】

当月抽取未校验清单:①按该用户送电后 30 天内,日均负荷大于合同容量 5% 的天数超过 20 天为取值标准;②剔除减容等用户;③剔除电能表现场检验流程(首校)中已有的用户。

【数据来源】

营销 2.0 系统;采集系统。

【数据字段】

供电区域、户号、户名、地址、电压等级、未校验标志、业扩送电日期、合同容量、电能表资产编号。

【整改标准】

根据《电能计量装置技术管理规程》(DL/T 448—2016)中 8.3 规定:新投运或改造后Ⅰ/Ⅱ/Ⅲ类电能计量装置应在带负荷运行一个月内进行特校。

【防范措施】

(1)严格遵守《电能计量装置技术管理规程》(DL/T 448—2016)。

(2)定期开展计量装接人员“人人过关”培训,提升装接工作人员故障处理的规范性水平。

【分类】

事后稽查。

二、计量装置故障流程不规范

【风险描述】

故障计量装置更换后,营销系统中没有按照计量装置故障流程处理,违规使用改类流程处理,规避电量异常退补工作等,造成电量电费经济损失。

【文件依据】

根据《国家电网公司电能计量故障、差错调查处理规定》[国网(营销/4)385—2014]第二十五条:对有以下行为的单位和个人要进行严厉处罚:

(1)在调查中采取弄虚作假、隐瞒真相或以各种方式进行阻挠者;

(2)故障、差错发生后隐瞒不报、谎报或故意迟延不报、故意破坏故障、差错现场或无正当理由拒绝接受调查,以及拒绝提供有关情况和资料者。

【规则及阈值】

抽取采集系统计量故障清单，根据故障清单比对营销 2.0 系统是否在一个月内有换表流程，且换表后该户故障信号消失。

【数据来源】

营销 2.0 系统；采集系统。

【数据字段】

供电区域、户号、户名、地址、电压等级、故障类型、故障发生时间、故障时电能表资产编号、换表改类流程编号。

【防范措施】

（1）严格遵守《供电营业规则》和《国家电网公司电能计量故障、差错调查处理规定》[国网（营销/4）385—2014]。

（2）规范营销流程操作，加大违规行为的考核力度。

【分类】

事后稽查。

三、装接单填写违规

【风险描述】

（1）装接单上的日期与营销系统计量装置装拆时间不一致，存在计量装置现场装接作业体外流转情况。

（2）装接单上无工作人员或用户签字，无法证明现场表计装拆时有存在用户现场确认行为，后期计量异常纠纷无标准作业材料支撑。

【文件依据】

《高压电能计量装置装拆及验收标准化作业指导书》：收工：装、拆、换作业后应请客户现场签字确认。资料归档：将装拆、变比调整、封印信息及时录入系统。

【规则及阈值】

（1）抽取营销 2.0 系统中装接单上的日期。

（2）抽取 i 国网内工作票的日期。

（3）抽取营销 2.0 系统中装接单上的签名等是否填写。

【数据来源】

营销 2.0 系统；i 国网。

【数据字段】

供电区域、户号、户名、地址、营销系统计量装置装拆时间、营销 2.0 系统中上传的装接单日期、营销 2.0 系统装接单上签名等。

【防范措施】

（1）严格执行《国家电网计量标准化作业指导书》工作流程。

（2）定期开展计量装接人员“人人过关”培训，提升现场装接工作人员素质水平。

（3）形成装接单日期与计划日期一致的工作意识，不搞特殊情况。

【分类】

事后稽查。

四、三相电流不平衡

【风险描述】

（1）产生的不平衡电流损害设备。

（2）计量装置异常导致电量流失。

（3）用户窃电嫌疑。

【文件依据】

《国家电网公司电能计量故障、差错调查处理规定》[国网（营销/4）385—2014] 第十九条：故障、差错现场处置人员应准确分析判断现场故障情况。当客户有违约用电及窃电行为时，应立即报告用电检查人员处理；如属于重大设备故障、重大人为差错、一般设备故障、一般人为差错的情况，应保护好现场，立即向上级报告，由调查组进行处理；属于障碍、轻微人为差错可直接进行处理。

【规则及阈值】

（1）抽取采集系统推送的电流异常工单，对工单生成后 14 天未处理的情况进行稽查监控。

（2）抽取三相不平衡引起中性线电流大于 0.5A 的用户清单。

【数据来源】

采集系统。

【数据字段】

供电区域、户号、户名、地址、电压等级、电能表资产编号、电流不平衡异常发生时间、电流不平衡异常发生时的三相电流值。

【防范措施】

（1）严格遵守《供电营业规则》和《国家电网公司电能计量故障、差错调查处理规定》[国网（营销/4）385—2014]。

（2）加大用电检查力度。

【分类】

事后稽查。

五、更换电能表后未规范拍照留底

【风险描述】

现场计量故障更换处理完，未对电能表拍照或拍的只是装接单等其他，造成用户纠纷时无法提供证据。

【文件依据】

《国家电网公司电能计量故障、差错调查处理规定》[国网（营销/4）385—2014]第十八条：故障、差错发生后，有关人员应迅速赶赴现场，立即询问记录故障、差错经过，并对故障、差错现场和损坏的设备进行照相（录像），收集资料。

【规则及阈值】

（1）每周抽取更换电能表流程中上传的照片。

（2）抽取对应流程填写的电能表度数。

（3）机器人根据照片上度数与流程填入度数进行自动比对。

【数据来源】

营销 2.0 系统。

【数据字段】

供电区域、户号、户名、地址、电压等级、电能表资产编号、拆下电能表的底度照片、流程中装接人员填写的电能表度数、机器人比对结果不一致清单。

【防范措施】

（1）严格遵守《供电营业规则》和《国家电网公司电能计量故障、差错调查处理规定》[国网（营销/4）385—2014]。

（2）严格执行《国家电网计量标准化作业指导书》工作流程。

【分类】

事后稽查。

六、表计申校超期

【风险描述】

（1）客户申请电能表校验后，未在 2 个工作日内开展现场校验，响应不及时。

（2）客户申请电能表校验后，未在 5 个工作日内出具检测结果，违背“十项承诺”。

【文件依据】

（1）《国家电网有限公司供电服务“十项承诺”》（国家电网办〔2022〕336 号）第七条：电表异常快速响应。受理客户计费电能表校验申请后，5 个工作日内出具检测结果。客户提出电表数据异常后，5 个工作日内核实并答复。

（2）《国家电网有限公司电能表质量管控办法》[国网（营销 /4）380—2022] 第二十一条：地市（县）供电企业客户服务中心检测班（计量班）收到用户申校工单后，应在 2 个工作日内完成现场检测任务。

【规则及阈值】

（1）地市（县）供电单位客户服务中心检测班（计量班）收到用户申校工单后，应在 2 个工作日内完成现场检测任务。

（2）省计量中心、地市（县）供电单位受理客户计费电能表校验申请后，应严格执行电能表申校工作流程，按照《国家电网公司供电服务“十项承诺”》要求，在 5 个工作日内出具检测结果。

【数据来源】

营销 2.0 系统。

【数据字段】

区县、供电所、服务区、户号、户名、地址、用户类型、申请校验工单流程号、当前环节。

【防范措施】

（1）严格落实《国家电网有限公司供电服务“十项承诺”》，加强宣贯。

（2）针对申请校验工单，形成闭环管控措施。

（3）加强现场校验培训，提升现场人员设备应用能力。

【分类】

事前校验。

七、电压失压

【风险描述】

（1）计量回路的一相或多相电压断开或虚接，但实际正常用电，导致电量少计造成电费损失。

（2）用户有窃电嫌疑。

【文件依据】

（1）《供电营业规则》（国家发改委令 2024 年第 14 号）第五十七条：在电力系统正

常状况下，供电企业供到用户受电端的供电电压允许偏差为：

1）35kV 以上电压供电的，电压正、负偏差的绝对值之和不超过额定值的 10%。

2）10（6、20）kV 以下三相供电的，为额定值的 ±7%。

3）220V 单相供电的，为额定值的 +7%、-10%。在电力系统非正常状况下，用户受电端的电压最大允许偏差不应超过额定值的 ±10%。用户用电功率因数达不到本规则第四十五条规定的，其受电端的电压偏差不受此限制。

（2）《国家电网公司电能计量故障、差错调查处理规定》[国网（营销/4）385—2014] 第十九条：故障、差错现场处置人员应准确分析判断现场故障情况。当客户有违约用电及窃电行为时，应立即报告用电检查人员处理；如属于重大设备故障、重大人为差错、一般设备故障、一般人为差错的情况，应保护好现场，立即向上级报告，由调查组进行处理；属于障碍、轻微人为差错可直接进行处理。

【规则及阈值】

（1）计量接线形式为三相三线高压高计用户：A 相或 B 相或 C 相电压低于 80% 的额定电压（三相四线制接线）；A 相或者 C 相电压低于 80% 的额定电压（三相三线制接线）。

（2）计量接线形式为高供低计三相四线用户：A 相或 B 相或 C 相电压低于 75% 的额定电压。

【数据来源】

采集系统。

【数据字段】

供电区域、电压失压用户清单、户号、户名、地址、区县、供电所。

【防范措施】

（1）加强现场装接工作质量，定期开展装接技能培训。

（2）强化采集系统用电异常处理，及时分析处置。

（3）提升用电检查频度，加大考核力度。

【分类】

事中预警。

八、电压不平衡越限

【风险描述】

（1）高供低计用户由于计量零相接地良，造成零点漂移异常，各相计量电压失真。

（2）电压不平衡可能造成用电设备故障。

【文件依据】

（1）《供电营业规则》（国家发改委令2024年第14号）第五十七条：在电力系统正常状况下，供电企业供到用户受电端的供电电压允许偏差为：

1）35kV以上电压供电的，电压正、负偏差的绝对值之和不超过额定值的10%。

2）10（6、20）kV以下三相供电的，为额定值的±7%。

3）220V单相供电的，为额定值的+7%、−10%。在电力系统非正常状况下，用户受电端的电压最大允许偏差不应超过额定值的±10%。用户用电功率因数达不到本规则第四十五条规定的，其受电端的电压偏差不受此限制。

（2）《国家电网公司电能计量故障、差错调查处理规定》[国网（营销/4）385—2014]第十九条：故障、差错现场处置人员应准确分析判断现场故障情况。当客户有违约用电及窃电行为时，应立即报告用电检查人员处理；如属于重大设备故障、重大人为差错、一般设备故障、一般人为差错的情况，应保护好现场，立即向上级报告，由调查组进行处理；属于障碍、轻微人为差错可直接进行处理。

【规则及阈值】

高供低计用户，三相电压均大于0V的情况下，电压最大值和最小值的偏差与最大值之比不大于10%。

【数据来源】

采集系统。

【数据字段】

供电区域、电压不平衡用户清单、户号、户名、地址、区县、供电所。

【防范措施】

（1）加强现场装接工作质量，定期开展装接技能培训。

（2）开展计量故障处理培训，提升现场人员故障处置能力。

（3）提升用电检查频度，加大考核力度。

【分类】

事中预警。

九、高龄计量装置长期未使用

【风险描述】

计量装置长期库存未使用，造成计量装置性能和可靠性下降，设备生命周期缩短使用周转率下降。

【文件依据】

《国家电网公司计量资产全寿命管理办法》[国网（营销/4）390—2022]第二十五条：省计量中心、各级供电企业应加强计量资产表龄、库龄的分析和管控，及时更换超期运行电能表，对高库龄计量资产实施管控，实现计量资产精益化管理。

库龄：单个计量资产库龄是指计量资产在安装运行前的存放时间，由计量资产在各级库房留存的时间构成。成品库龄指计量资产在各级（包括省计量中心、各级供电企业）成品库的在库时间。批次计量资产库龄是指同一到货批次的单个计量资产库龄的平均值。高库龄计量资产指没有安装记录，在库时间超过 2 年的电能表、超过 3 年的采集终端、超过 5 年的互感器。

【规则及阈值】

（1）类别智能电能表，设备信息状态为合格在库、配送在途、预配待领、预领待装、领出待装之一，电能表从省公司配送出库发出时间超过 22 个月不超过 24 个月。

（2）类别采集设备，设备信息状态为合格在库、配送在途、预配待领、预领待装、领出待装之一，电能表从省公司配送出库发出时间超过 34 个月不超过 36 个月。

（3）类别互感器，设备状态为合格在库、配送在途、预配待领、预领待装、领出待装之一，电能表从省公司配送出库发出时间超过 58 个月不超过 60 个月

【数据来源】

营销 2.0 系统。

【数据字段】

产权单位、库房、设备码名称、资产编号、条形码、设备码、配送日期、资产状态、区县。

【防范措施】

（1）严格落实计量资产全寿命周期管控。

（2）强化资产“先进先出”管理模式，及时周转调配和使用临近超期的计量资产。

（3）制定预警措施，提前管控预警资产。

【分类】

事前校验。

十、报废处理不规范

【风险描述】

（1）计量资产拆回后管控不到位，造成计量资产丢失。

（2）计量资产未安装直接报废，造成资源浪费。

【文件依据】

《国家电网公司计量资产全寿命管理办法》[国网（营销/4）390—2022] 第二十条：资产报废 （一）计量资产报废前应由报废技术鉴定责任单位开展报废技术鉴定，报废审批流程应符合公司相关规定。纳入固定资产管理的计量资产，应及时通过营销系统发起申请，联动发起 ERP 系统报废流程。除存在计量纠纷的计量资产外，待报废的计量资产在库房内存储时间不得超过 6 个月。

【规则及阈值】

（1）待报废/已报废资产应存在运行记录。

（2）待报废状态计量资产，其拆回应小于 6 个月。

【数据来源】

营销 2.0 系统。

【数据字段】

产权单位、库房、设备码名称、资产编号、条形码、设备码、拆回日期、资产状态、区县、是否有运行记录。

【防范措施】

（1）严格落实计量资产全寿命周期管控。

（2）加强报废环节管控，对接物资部门健全报废工作。

（3）加强计量资产管控力度。

【分类】

事后稽查。

第四节　用电检查数字化合规稽查

一、非永久性减容（全停）用户电量异常

【风险描述】

存在触电风险和电费安全风险。

【文件依据】

《供电营业规则》（国家发改委令 2024 年第 14 号）第二十五条：高低压用户均可以办理减容业务，自减容之日起，按照减容后的容量执行相应电价政策；高压供电的用户，减容应当是整台或整组变压器（含不通过受电变压器的高压电动机）的停止或更换小容量变压器用电，根据用户申请的减容日期，对非永久性减容的用户设备进行加封，对永久性减容的用户受电设备拆除电气连接。

【规则及阈值】

（1）高压用户上月走了非永久性减容（全停），且（已实施停电标志）在本月没有复电的用户，在本月的采集系统中电量数据不为零（抄表例日大于停电时间）。

（2）低压用户上月走了强制停电流程，且（有已实施停电标志）在本月开始没有复电的用户，在本月的采集系统用电中电量数据不为零（抄表例日大于停电时间）。

【数据来源】

营销 2.0 系统；采集系统。

【数据字段】

区县公司、服务区、户号、户名、地址、供电电压、合同容量、运行容量、停电日期、停电期间电量数据。

【防范措施】

加强停电用户管理，落实多级审核制度。

【分类】

事后稽查。

二、变损执行错误

【风险描述】

存在变损计算差错风险。

【文件依据】

《供电营业规则》（国家发改委令 2024 年第 14 号）第七十七条：电能计量装置原则上应当装在供电设施的产权分界处。如产权分界处不适宜装表的，对专线供电的高压用户，可以在供电变压器出口装表计量；对公用线路供电的高压用户，可以在用户受电装置的低压侧计量。当电能计量装置不安装在产权分界处时，线路与变压器损耗的有功与无功电量均须由产权所有者负担。在计算用户容（需）量电费（按照最大需量计收时）、电度电费及功率因数调整电费时，应当将上述损耗电量计算在内。

【规则及阈值】

（1）一级计量点是高供低计，用户档案变损分摊标志和变损计费标志选择为“否”（剔除减容用户）。

（2）计量点是高供低计，未计算变损电量（剔除减容用户）。

（3）一级计量点是高供低计变损编号未选择或选择错误。

【数据来源】

营销 2.0 系统。

【数据字段】

区县公司、服务区、户号、户名、地址、供电电压、变损分摊标志、变损计费标志、变损编号、变损电费。

【防范措施】

（1）严格遵照《供电营业规则》等文件工作要求，实现用电计量装置不安装在低压侧时变压器损耗正确分摊，杜绝变压器损耗违规分摊。

（2）对存量一级计量点接线方式为三相四线的10kV用户开展专项稽查，并进行整改。

【分类】

事后稽查。

三、大工业用户减容恢复后执行电价有误

【风险描述】

存在电费差错风险。

【文件依据】

《国家发展改革委关于调整销售电价分类结构有关问题的通知》（发改价格〔2013〕973号）附件：大工业用电是指受电变压器（含不通过受电变压器的高压电动机）容量在315kVA及以上的下列用电：

（1）以电为原动力，或以电冶炼、烘焙、熔焊、电解、电热的工业生产用电。

（2）铁路（包括地下铁路、城铁）、航运、电车及石油（天然气、热力）加压站生产用电。

（3）自来水、工业试验、电子计算中心、垃圾处理、污水处理生产用电。

【规则及阈值】

大工业用户减容恢复后且未执行大工业电价的用户。

【数据来源】

营销2.0系统。

【数据字段】

区县公司、服务区、户号、户名、地址、供电电压、减容恢复流程的停送电时间、用户执行电价。

【防范措施】

加强减容恢复后电价执行管理，确保不发生电价电费差错。

【分类】

事后稽查。

四、超容处理不规范

【风险描述】

（1）存在电费损失风险。

（2）小微权力，人员廉政风险。

【文件依据】

《供电营业规则》（国家发改委令2024年第14号）第一百零一条：私增或更换电力设备导致超过合同约定的容量用电的，除应当拆除私增容设备或恢复原用电设备外，属于两部制电价的用户，应当补交私增设备容量使用天数的容（需）量电费，并承担不高于三倍私增容量容（需）量电费的违约使用电费；其他用户应当承担私增容量每千瓦（千伏安视同千瓦）五十元的违约使用电费，如用户要求继续使用者，按照新装增容办理。

【规则及阈值】

（1）用户超合同容量用电或发电。

（2）用户表计超量程用电或发电。

（3）用户连续超容用电，未履行告知、预警及单据签收确认等规定程序。

（4）用户长期超容，未按规定查处、督促整改。

【数据来源】

采集系统；营销2.0系统。

【数据字段】

区县公司、服务区、单位、户号、户名、地址、供电电压、运行容量、合同容量、最大需量、负荷数据、合同履约管理违约窃电退补流程编号。

【防范措施】

用电采集系统违约用电、窃电线索及时闭环。

【分类】

事后稽查。

五、窃电及违约用电处理不规范

【风险描述】

存在电费损失风险小微权力，人员廉政风险。

【文件依据】

（1）《供电营业规则》（国家发改委令 2024 年第 14 号）第一百零四条：供电企业对查获的窃电者，应当予以制止并按照本规则规定程序中止供电。窃电用户应当按照所窃电量补交电费，并按照供用电合同的约定承担不高于应补交电费三倍的违约使用电费。拒绝承担窃电责任的，供电企业应当报请电力管理部门依法处理。窃电数额较大或情节严重的，供电企业应当提请司法机关依法追究刑事责任。

（2）《国家电网有限公司反窃电管理办法》[国网（营销/3）987—2019]第四十一、四十二、四十三条：反窃电处理人员应严格审核窃电案件资料、证据，确保窃电处理准确规范。反窃电处理人员应按《供电营业规则》和相关法律法规确定窃电量，在窃电期间内发生电价调整的，按电价调整文件要求执行时间分段计算。追补电费和违约使用电费应及时、足额，并录入营销业务应用系统，各单位不得擅自减免应补交的电费。

【规则及阈值】

（1）查处作证资料不够充分，包括现场违约用电照片、负荷曲线支撑等。

（2）流程中“现场处理、审核、审批”三者为同一个人。

（3）存在处罚明显不到位情况，如多月超容只处罚一个月等。

（4）存在差别化处罚情况，如相同程度的超容用电但处罚计算标准差异较大。

（5）存在不符合政策条款的罚金计算规则，如时间不明确的按 X 个月处罚（“X”根据实际情况而定）。

（6）存在只进行电费追补，未收取 2 倍或 3 倍罚金情况。

【数据来源】

营销 2.0 系统。

【数据字段】

区县公司、服务区、单位、户号、户名、地址、供电电压、工单信息。

【防范措施】

（1）正确分析用户窃电及违约用电数据，根据规定准确计算相关费用，并采取交叉审核的方式履行确认手续。

（2）应向客户出示窃电、违约用电应缴费用纸质通知书，并做好金额计算解释工作，同时要求客户履行确认手续，在确认通知单上签字盖章。

（3）明确客户整改期限和费用交付期限，督促客户按期整改和交费。对超期未履行客户义务的，依照相关法规进行停电等处理。

（4）按现场查处情况及时按规录入营销业务系统，按照业务规范执行电量电费与违约使用电费地追补。

【分类】

事后稽查。

六、专线用户线损未定期核定

【风险描述】

存在电费损失风险。

【文件依据】

《供电营业规则》（国家发改委令 2024 年第 14 号）第七十七条：电能计量装置原则上应当装在供电设施的产权分界处。如产权分界处不适宜装表的，对专线供电的高压用户，可以在供电变压器出口装表计量；对公用线路供电的高压用户，可以在用户受电装置的低压侧计量。当电能计量装置不安装在产权分界处时，线路与变压器损耗的有功与无功电量均须由产权所有者负担。在计算用户容（需）量电费（按照最大需量计收时）、电度电费及功率因数调整电费时，应当将上述损耗电量计算在内。

【规则及阈值】

（1）专线用户连续超 12 个月未发起线损核定值或上传线损核算书。

（2）专线用户容量变更，12 个月内“有功线损计算值”未发生变化。

（3）专线用户供电电源变化，“有功线损计算值”未发生变化。

（4）新装专线用户“有功线损计算值”为空或“线损分摊标志”为否或“线损计算方式”为空（剔除表计在变电站侧）。

【数据来源】

营销 2.0 系统。

【数据字段】

区县公司、服务区、单位、户号、户名、地址、供电电压、线损核算书、有功线损计算值、供电电源信息、有功线损计算值、有功线损计算值、线损分摊标志、线损计算方式。

【防范措施】

加强专线用户线损管理。

【分类】

事后稽查。

七、双电源需量计费用户电源性质错误

【风险描述】

存在电费损失风险。

【文件依据】

《国家发展改革委办公厅关于完善两部制电价用户基本电价执行方式的通知》(发改办价格〔2016〕1583号)第一条：对按最大需量计费的两路及以上进线用户，各路仅限分别计算最大需量，累加计收基本电费。

【规则及阈值】

双电源且按需量计收基本电费且电源性质为“一主一备”且采集系统中两个计量点的负荷同时大于零。

【数据来源】

采集系统。

【数据字段】

区县公司、服务区、单位、户号、户名、地址、供电电压、负荷数据。

【防范措施】

加强双电源用户管理。

【分类】

事中预警。

第五节　营销项目数字化合规稽查

一、可研评审不到位

【风险描述】

导致后续实施不规范或造成资金浪费。

【文件依据】

《国网浙江省电力有限公司关于修订营销项目管理规范的通知》(浙电营〔2023〕639号)第三十条：营销项目可研评审侧重于项目必要性、项目主要技术方案可行性、项目投资测算合理性。

【规则及阈值】

(1)定价无依据，设备价格未根据历年中标价或者未开展三方询价。

(2)投资内容不符合重点投资方向。

(3)可研评审意见及批复未发文。

【数据来源】

营销项目管控平台、可研评审意见与批复意见。

【数据字段】

项目名称、单位、年份、性质、分类、实施类别、专业分类、预估投资、单价、数量、项目内容、项目必要性。

【防范措施】

（1）加强项目提资阶段与可研评审阶段的审核把关。

（2）建立与可研管理单位的沟通联络机制，及时提交和组织评审。

【分类】

事后稽查。

二、初设评审不到位

【风险描述】

导致投资或成本失控，存在廉政风险。

【文件依据】

《国网浙江省电力有限公司关于修订营销项目管理规范的通知》（浙电营〔2023〕639号）第四十二条：初设应以批准的项目可研报告为依据，严禁擅自扩大规模或提高标准。初设概算应控制在可研估算投资之内，对于初设概算超可研估算情况，对应超出原因作出分析及说明，征得可研批复单位的同意并出具变更意见。

【规则及阈值】

（1）擅自变更初设（实施方案）。

（2）初设（实施方案）规模超可研规模。

（3）初设（实施方案）评审意见与批复未发文。

【数据来源】

初设评审意见与批复意见。

【数据字段】

项目名称、单位、年份、性质、分类、实施类别、专业分类、预估投资、单价、数量、项目内容、项目必要性。

【防范措施】

（1）项目实施过程中定期开展资料检查与现场核查，及时发现项目实施过程中的变更事项并提请重新评审。

（2）建立与初设（实施方案）管理单位的沟通联络机制，及时提交和组织评审。

【分类】

事后稽查。

三、规避招标

【风险描述】

存在廉政风险。

【文件依据】

（1）《中华人民共和国招标投标法》第四条：任何单位和个人不得将依法必须进行招标的项目化整为零或者以其他任何方式规避招标。

（2）《国家电网公司采购活动管理办法》[国网（物资/2）121—2019]：禁止将必须进行招标的项目化整为零规避招标。

【规则及阈值】

无采购依据。

【数据来源】

经法系统、电子商务平台（ECP）系统。

【数据字段】

中标时间、采购时间。

【防范措施】

（1）加强采购需求审核，严格按照规定的采购范围、采购方式实施采购。

（2）定期开展专项检查。

【分类】

事后稽查。

四、合同签订不及时

【风险描述】

导致合同后续的实施工作拖延。

【文件依据】

《国网浙江省电力有限公司关于修订营销项目管理规范的通知》（浙电营〔2023〕639号）第五十三条：项目单位应按照公司合同管理规定，使用公司统一的项目合同文本，并应自中标通知书发出之日起30日内签订合同及安全协议，明确各方责任与权利。

【规则及阈值】

中标通知书发出后30日内未完成合同线上流转。

【数据来源】

经法系统。

【数据字段】

合同名称、中标时间、合同流转结束时间。

【防范措施】

按招标批次建立合同签订时间管控表。

【分类】

事中、事后稽查。

五、合同关键条款不明或不完善

【风险描述】

引起合同纠纷。

【文件依据】

（1）《中华人民共和国合同法》第十二条，合同的内容由当事人约定，一般包括以下条款：①当事人的名称或者姓名和住所；②标的；③数量；④质量；⑤价款或者报酬；⑥履行期限、地点和方式；⑦违约责任；⑧解决争议的方法。

（2）《国网浙江省电力有限公司关于修订营销项目管理规范的通知》（浙电营〔2023〕639号）第五十三条：项目单位应按照公司合同管理规定，使用公司统一的项目合同文本，并应自中标通知书发出之日起30日内签订合同及安全协议，明确各方责任与权利。

【规则及阈值】

关键条款仅约定为：满足甲方要求或填写“/”等。

【数据来源】

经法系统。

【数据字段】

合同名称、报酬及支付方式、进度、质量保证条款、特别约定、范围、验收标准、违约责任、安全协议等。

【防范措施】

（1）使用统一的合同文本，应明确工程范围、工程量、合同金额、计价依据、质量要求、工期要求、支付方式、违约责任等关键内容。

（2）对自查发现的合同条款缺失等情况及时完善并总结。

【分类】

事后稽查。

六、开工手续不齐全

【风险描述】

项目进度和质量失控。

【文件依据】

《国网浙江省电力有限公司关于修订营销项目管理规范的通知》(浙电营〔2023〕639号)第五十七条：营销施工类项目在开工前，施工单位应履行完整的开工手续，编制施工方案和工程开工报告。开工手续办理前应具备以下条件：①施工合同已签订；②初设概算已批准；③安全措施、技术措施、组织措施、环保措施(若有)已批准；④设备材料计划已批准，且施工所需的进场材料、构配件、设备均已自检合同；⑤项目设计图已批准。

【规则及阈值】

(1)开工时间早于合同签订时间。

(2)开工时间早于初设概算批复时间。

(3)无施工方案、开工报告。

【数据来源】

营销项目管控平台。

【数据字段】

项目名称、开工时间、合同签订时间、初设概算批复时间、施工方案。

【防范措施】

项目下达后尽快开展招标及初设评审相关工作，严格落实项目开工前报批手续。

【分类】

事后稽查。

七、物资管理不规范

【风险描述】

实物资产与ERP台账不一致，存在廉政风险。

【文件依据】

《国网浙江省电力有限公司关于修订营销项目管理规范的通知》(浙电营〔2023〕639号)第六十条：项目单位应加强项目退料和废旧物资的监督管理，严禁虚列工程量和私自变卖废旧物资等违规行为。

【规则及阈值】

（1）领用单数量与结算时实际安装数量不一致且无退料记录。

（2）拆回设备数量与报废数量不一致。

【数据来源】

营销项目管控平台、ERP 系统、PMS3.0 系统。

【数据字段】

项目名称、设备领用数量、现场安装数量、拆回设备数量、实际报废数量。

【防范措施】

（1）加强工程物资退料管理；拆旧物资技术鉴定，废旧物资进行报废审批。

（2）不定期开展现场核查。

【分类】

事后稽查。

八、项目验收不到位

【风险描述】

引起后续工程质量问题。

【文件依据】

《国网浙江省电力有限公司关于修订营销项目管理规范的通知》（浙电营〔2023〕639 号）第六十八条：营销施工类项目竣工验收应按照前期准备、验收组织、现场检查、验收总结和验收整改等工作环节开展。

【规则及阈值】

（1）验收资料不全。

（2）验收问题未整改闭环。

（3）未开展现场验收。

【数据来源】

营销项目管控平台、项目现场。

【数据字段】

项目名称、验收日期、问题、整改情况等。

【防范措施】

落实验收负责人，逐级审批签字确认，未经验收的内容不得纳入工程结算。

【分类】

事后稽查。

九、结算无依据

【风险描述】

多计费用造成资金缺失，存在廉政风险。

【文件依据】

《国网浙江省电力有限公司关于修订营销项目管理规范的通知》（浙电营〔2023〕639号）第七十三条：营销项目应逐项单独编制竣工结算书（表），且竣工决算应与合同对应，营销项目竣工结算书（表）应至少包括：①项目名称、编制单位、编制人、审核人、日期、负责人签字；②项目结算编制说明（包括项目概况、结算编制原则和依据等）；③项目结算表。

【规则及阈值】

（1）结算价格与合同约定不一致。

（2）结算工作量与现场实际不一致。

【数据来源】

营销项目管控平台、项目现场。

【数据字段】

项目名称、结算单价、工程量。

【防范措施】

（1）严格按照合同约定的结算依据开展项目结算。

（2）验收过程中落实工作量签证制度。

【分类】

事后稽查。

十、审价（计）不到位

【风险描述】

多结或少结费用，存在廉政风险。

【文件依据】

《国网浙江省电力有限公司关于修订营销项目管理规范的通知》（浙电营〔2023〕639号）第七十七条：资本金项目结算后应进行项目决算审计。

【规则及阈值】

无审价报告或审计报告。

【数据来源】

营销项目管控平台。

【数据字段】

项目名称、审价单位、审定金额、审价时间、审计单位、审计时间。

【防范措施】

（1）将审价报告作为包含建筑安装的营销项目资金支付的必要附件。

（2）不定期开展项目归档资料核查。

【分类】

事后稽查。

第六节　新型业务数字化合规稽查

一、分布式光伏超容并网

【风险描述】

分布式光伏用户未按照备案容量并网，或并网后私增光伏容量，违反了购售电合同、对并网点供电设备运行带来风险，且存在一定廉政风险。

【文件依据】

《供电营业规则》（国家发改委令 2024 年第 14 号）第一百零一条：未经供电企业同意，擅自引入（供出）电源或将备用电源和其他电源私自并网的，除当即拆除接线外，应当承担其引入（供出）或并网电源容量每千瓦（千伏安视同千瓦）五百元的违约使用电费。

【规则及阈值】

光伏年利用小时数 = 光伏用户近 12 个月发电量 / 并网容量，年利用小时数大于 1300h，且一年中 96 点实时发电负荷存在大于并网容量情况的，认定为存在超容并网行为。

【数据来源】

营销 2.0 系统；采集系统。

【数据字段】

区县、服务区、户号、户名、关联发电户号、发电户合同容量、发电关口发电量、发电关口 96 点负荷。

【防范措施】

（1）加强并网验收环节的把关，防止并网时即存在超容行为，防范业务风险和廉政风险。

（2）定期根据数字化稽查规则对超容并网光伏用户进行现场检查，对查实用户进行违约用电处理并要求整改。

【分类】

事后稽查。

二、电能替代项目替代容量超合同容量

【风险描述】

（无需现场核实）电能替代项目录入时，为获取更高的电能替代电量定比，虚造新增设备容量。

【文件依据】

《国网浙江省电力公司关于进一步推进电能替代的实施方案》（浙电营〔2016〕812号）第八条：要严格执行公司电能替代电量统计认定规则，建立月度统计、季度分析的工作制度，确保替代电量统计规范准确，坚决杜绝弄虚作假。

【规则及阈值】

电能替代项目新增替代设备容量大于对应用电户合同容量，认定为电能替代项目替代容量超合同容量。

【数据来源】

营销 2.0 系统。

【数据字段】

区县、服务区、户号、户名、电能替代项目用户编号、合同容量、替代设备功率。

【防范措施】

（1）加强电能替代项目录入审核，要求客户经理在流程中提供替代设备支撑次材料。

（2）对稽查发现的虚造新增设备容量项目进行通报并要求整改。

【分类】

事后稽查。

三、电能替代项目重复录入

【风险描述】

（无需现场核实）通过同一电能替代项目重复录入的方式，虚增电能替代完成指标。

【文件依据】

《国网浙江省电力公司关于进一步推进电能替代的实施方案》(浙电营〔2016〕812号)第八条：要严格执行公司电能替代电量统计认定规则，建立月度统计、季度分析的工作制度，确保替代电量统计规范准确，坚决杜绝弄虚作假。

【规则及阈值】

同一户号五年内录入2个及以上电能替代项目，且重复录入时间间隔内，该户号不存在增容情况，认定为电能替代项目重复录入。

【数据来源】

营销2.0系统。

【数据字段】

区县、服务区、户号、户名、电能替代项目归档日期、对应用户下的业扩增容工单信息。

【防范措施】

(1)加强电能替代项目录入审核，避免出现重复录入情况。

(2)对稽查发现的虚造电能替代项目进行通报并要求整改。

【分类】

事后稽查。

四、岸电电价执行与用户属性不符

【风险描述】

(需现场核实)岸电电价执行不正确，导致电费少收、错收。

【文件依据】

《关于进一步推进靠港船舶使用岸电工作实施意见的通知》(浙交〔2020〕66号)第二条：岸电设施用电价格按浙江省电网销售电价表中大工业用电相应电压等级的电度电价执行，2025年底前，免收基本电费。

【规则及阈值】

行业分类为“港口岸电”未执行大工业(岸电设施)电价，或执行大工业(岸电设施)电价的用户行业分类非“港口岸电”，认定为岸电电价执行与用户属性不符。

【数据来源】

营销2.0系统。

【数据字段】

区县、服务区、户号、户名、行业分类、用户执行电价。

【防范措施】

（1）加强业扩流程审核，避免出现电价错误。

（2）对稽查发现的岸电电价执行错误情况要求整改并进行通报，避免再次出现类似情况。

【分类】

事后稽查。

五、台区光伏接入容量超过公变容量

【风险描述】

若公变台区下接入的分布式光伏并网容量超过公变总容量，当该台区下光伏出力较高而本地消纳不足时，可能造成公用变压器重过负荷。

【文件依据】

《国网浙江省电力有限公司关于进一步明确分布式光伏发电项目接入有关标准的通知》（浙电营〔2023〕723 号）：接入用户内部电网的光伏项目，单台变压器下并网总装机容量不应超过变压器容量。

【规则及阈值】

单一公变下接入的分布式光伏并网容量之和大于或等于公变容量。

【数据来源】

营销 2.0 系统。

【数据字段】

区县、服务区、户号、户名、合同容量、公变合同容量。

【防范措施】

通过营销 2.0 系统设置校验规则，对于在途分布式光伏并网业务，在选择公变台区时，若该台区下接入的分布式光伏并网容量已超过或将要超过公变总容量时进行提示。

【分类】

事后稽查。

六、用户侧储能反向电量异常

【风险描述】

若用户侧储能系统向电网公共连接点倒送电，可能造成电网安全风险。

【文件依据】

《国网浙江省电力有限公司用户侧储能系统并网服务管理细则（暂行）》（浙电营

〔2024〕161 号）附件四：用户侧储能系统应在用户公共连接点装设逆功率保护装置，保护动作时作用于控制用户侧储能放电功率，以确保符合用户侧储能处于放电状态时用户公共连接点不向电网倒送电的原则。

【规则及阈值】

用户一级计量点电能表一次侧正向电流小于 –0.5A。

【数据来源】

用电采集系统。

【数据字段】

区县、服务区、户号、户名、一级计量点电能表负荷数据查询（A 相电流、B 相电流、C 相电流）。

【防范措施】

（1）在用户侧储能并网业务中，严格开展竣工检验，重点检查逆功率保护装置运行是否正常。

（2）对用户侧储能定期开展用电检查，发现缺陷及时告知用户整改。

【分类】

事中预警。

七、居民充电桩用电负荷异常

【风险描述】

居民充电桩电价执行错误，致使供电公司电费流失；或用户私自将其他用电负荷接入充电桩表计，将造成用电安全风险。

【文件依据】

《供电营业规则》（国家发改委令 2024 年第 14 号）第一百零一条：供电企业对用户危害供用电安全、扰乱正常供用电秩序等行为应当及时予以制止。

【规则及阈值】

抽取营销 2.0 系统中连续三天负荷点中 279 个负荷点以上有电量用户。

【数据来源】

营销 2.0 系统；用电采集系统。

【数据字段】

区县、服务区、户号、户名、执行电价、缺失计度器、出账年月、出账电量。

【防范措施】

（1）认真学习《国家发展改革委关于电动汽车用电价格政策有关问题的通知》（发

改价格〔2014〕1668 号）。

（2）针对基层员工对各类充电桩执行电价做好充电桩电价宣贯培训。

（3）定期开展居民充电桩专项用电检查，及时消除安全风险。

【分类】

事中预警、事后稽查。

第四篇　营销数字化合规管控成果篇

第六章

问题解决类成果——“QC”管理助力营销稽查预警防控有效率提升

国网宁波供电公司 QC 小组以“提高营销业务稽查预警防控有效率”为目标导向，通过原因分析、要因确认、制定措施和实施对策，有效提高了预警防控有效率。该项问题解决型成果在 2020 年度优秀质量管理 QC 成果中获奖（见图 6–1）。通过“提高营销业务稽查预警防控有效率”对策的实施，工作指标提升，效益效果显著。

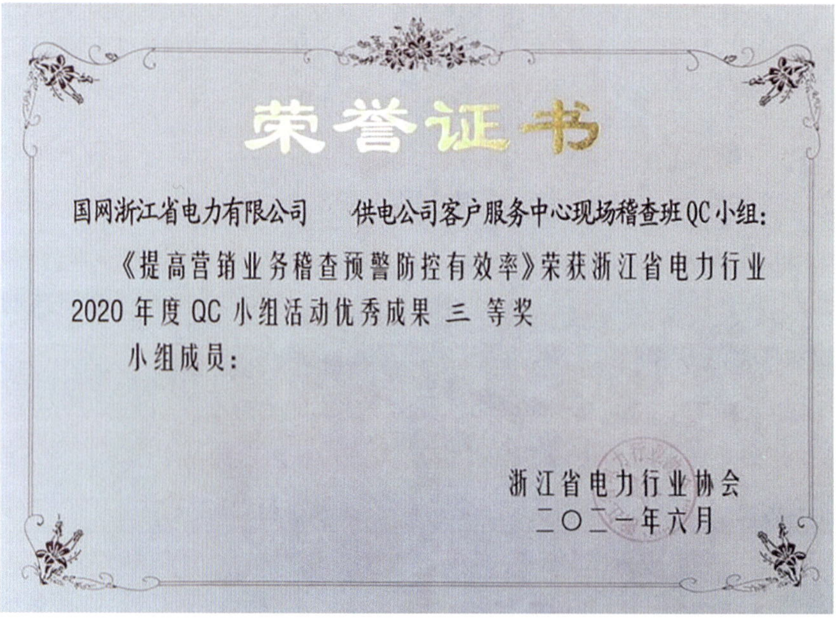

荣誉证书

国网浙江省电力有限公司　　供电公司客户服务中心现场稽查班 QC 小组：

《提高营销业务稽查预警防控有效率》荣获浙江省电力行业 2020 年度 QC 小组活动优秀成果 三 等奖

小组成员：

浙江省电力行业协会

二〇二一年六月

图 6–1 《提高营销业务稽查预警防控有效率》获奖证书

一、工作指标大幅提升

国网宁波供电公司 QC 小组在对策实施后，对过往三级预警数可控主题数及三级预警数进行统计和分析得出：预警数显著减少，三级预警数可控主题数显著增加，平均预警防控有效率提升至 100%，达到目标，如图 6–2 所示。

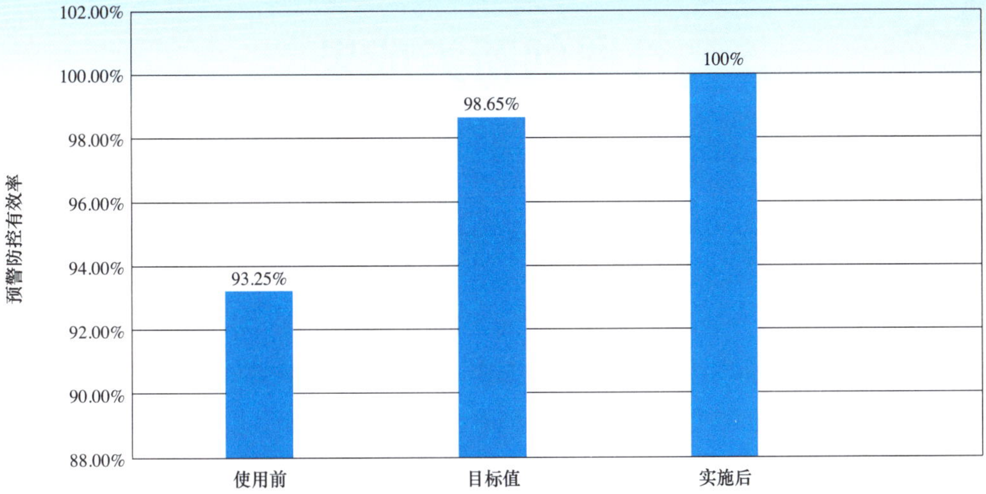

图 6-2 预警防控有效率效果检查图

二、经济效益显著提升

在"提高营销业务稽查预警防控有效率"对策实施后，公司营销稽查经济成效显著提升，2020 年 8~12 月合计取得稽查经济成效 1569.68 万元，为公司挽回更多经济损失。与此同时，该问题解决的创新案例成功入选国网宁波供电公司"十大增效典型案例"。

三、具备推广应用价值

QC 小组编制的《营销业务风险稽查防控手册》属省内首个稽查防控手册，获得省公司和总部的关注和高度认可，并由国网宁波供电公司牵头负责国网《营销关键业务领域风险防控手册》编制工作。目前,《营销关键业务领域风险防控手册》(见图 6-3) 已印发，具备推广及应用的价值。

图 6-3 《营销关键业务领域风险防控手册》示意图

第七章

管理创新类成果

第一节　创新"营销稽查体系"管理实现靶向精准稽查

进入新时期，在"电力体制改革对供电单位提质增效的新要求""依法合规经营对营销稽查体系建设的新需求""营销稽查工作面临的现状与困难"三大挑战的背景下，国网宁波供电公司通过搭建"三级三层"稽查体系，完善"全面检查、专项稽查、在线监控"环环相扣的三位一体稽查模式，打造"精准高效"稽查环境，从而进一步实现"靶向治疗"稽查管控。在提升业务风险管控成效的同时，也达到了显著降本增效的应用成效。

一、规范业务开展管理效益提升

通过完善"营销部－数据室－稽查班"三级以及"市公司－县（区）公司－供电所"三级体系建设，充实稽查班组人员队伍，实现问题及时闭环、责任精准定位、差错有效考核。国网宁波供电公司自管理创新开展以来，在省公司《营销稽查监控工作月报》中，稽查工单按期办结率、工单质量抽查合格率、万户异常数、预警防控有效率等各项营销稽查工作管控指标，排名均在全省靠前，真正实现"向管理要效率"的管理成效。

二、节约人力成本运营效果显著

通过《营销业务风险稽查防控手册》与数字化稽查算法模型工具的运用，将高重复、标准化、规则明确、大批量的手工操作流程，优化为员工一键办理，大大降低了在此类业务中人力成本的投入，节约人力成本效果十分显著。

三、提高业务办理效率成效突出

运用数字化稽查方法和体系，通过"查改防"一体化智慧数字稽查新模式辅助数据分析和数据的快速获取，大幅提升了问题稽查、风险识别和防范管控的业务办理效率，平均效率提升可达 5~10 倍。

四、查补业务漏洞经济效益显著

以 2020 年度为例，国网宁波供电公司组织全市专家围绕营商环境、电费电价等 10 个方面、30 个主题、80 个业务点，对 11 个区县公司进行营销全方位业务规范度诊断，共发现 515 类问题、异常数据 10115 条，经济效益显著，真正实现“向业务要效益”的应用经济成效。

第二节 “查改防”一体数智稽查新模式提升精益合规管理

为深化营销业务风险数字化内控体系建设，国网宁波供电公司创新发明了“查改防”一体数智稽查新模式，本发明提供一种基于营销业务风险数字化内控体系的稽查方法及平台（见图 7–1），包括：基于第一监测时间生成相对应的第一监测时间表，区块链服务器存储有与智能电能表相对应的初始计算代码；对智能电能表所配置的总代码进行分类得到第一固定代码段和动态变化代码段；第一监测插件对第一固定代码段的计算时间进行监测生成第二监测时间，根据第二监测时间生成第二监测时间表，将第二监测时间表填充至动态变化代码；若初始计算代码与第一固定代码段相对应，且第一监测时间表与动态变化代码相对应，则输出第一稽查结果。通过上述方法能够对智能电能表进行营销业务风险数字化的稽查，避免智能电能表被黑客篡改后无法进行正常的检测。

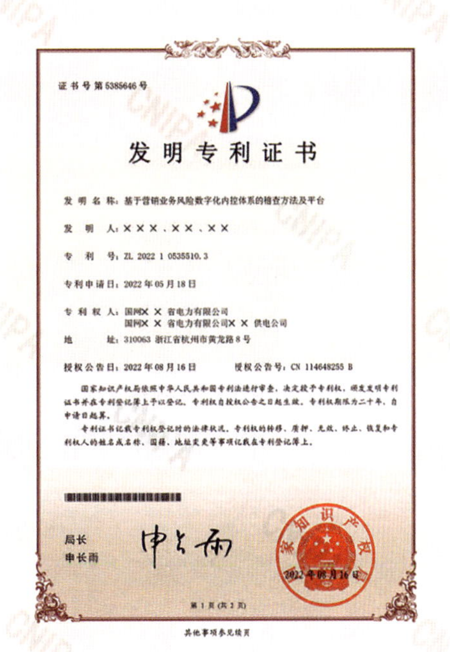

图 7–1 《基于营销业务风险数字化内控体系的稽查方法及平台》示意图

基于营销业务风险数字化内控体系的稽查方法实现了“查改防”一体数智稽查新模式的转变，大大提升精益合规管理，更为营销 2.0 系统数字化合规管控保驾护航做到有力支撑。

第八章

工作推广类成果——打造数字化稽查工作室提升营销精益合规管控

建设浙江省首个营销数字化稽查工作室（见图 8-1），工作室聚焦管理提升、风险防控、人才培养“三要素”精准发力，以数字化技术手段为支撑，研创主题规则算法模型，拓展机器人流程自动化（RPA）功能，提升营销风险辨识能力和防控能力。同时，工作室融合业务质量监控、合规管理分析、稽查成果展示、技术模型研创、人才队伍建设等功能，打造成为营销精益合规管控的“智慧中枢”，助力营销依法合规及挖潜增效。

图 8-1　营销数字化稽查工作室

一、营销业务风险管控成效

依托现有供电服务“1234+*N*”下数字营销稽查方法和体系，国网宁波供电公司营销数字中心按照数据稽查、人工稽查、现场稽查一起防的“三维稽查”工作思路，以“稽查三道关卡”（防控、管控、查处）为手段，探索数字化营销风险管控模式，现在已经初步展现出应用成效：

（1）有效管控业务风险。通过数字化合规稽查可快速发现计量管理、用电检查、电价电费、业扩管理、新型业务以及营销项目服务等6个方面的主要供用电相关业务风险28类，涉及相关在线稽查规则共计上百条，打造以精准的业务数据分析实现更精细化管理的应用模式，响应速度快，避险效率高，防止批量问题发生，降低供用电营销核心业务异常率。

（2）有效遏制服务风险。通过数字化合规稽查方法应用，从“事前预警防控有效率QC → RPA →事中精益管理工坊→事后风险防控手册”全过程、全方位加强投诉管控，前移投诉管理关口，通过数字化手段对客户问题工单等资料深度分析挖掘，梳理排查客户投诉风险因素，及时发布风险预警，有效遏制供用电服务过程中潜在的客户投诉风险，与常规管控方法相比，客户投诉率明显下降。

（3）持续管控廉洁风险。通过数字化合规稽查方法和体系，有效分析和梳理各供用电业务中存在的廉洁风险点，提前预防和探查潜在问题，抓早抓小，起到有效的防控作用，自数字化合规体系运用以来，国网宁波供电公司无营销领域的信访举报案件。

二、成果具备应用价值成效

稽查工作室总结了近几年风险防控和稽查工作的宝贵经验，编撰成年度营销专项稽查报告汇编营销关键业务领域风险防控手册等指导工具（见图8–2），为营销稽查人员提供一些具体、实用、可操作的数字化稽查方法，可用为地市、区县供电公司组织开展营销合规管控的实用稽查工具和业务手册。

图8–2 指导工具示意图

（1）案例库：收录历年各类稽查的典型案例，汇编成册，提供异常问题的原因分析及整改措施模板，提升稽查水平。

（2）问题库：收录历年内外部检查异常问题，提供稽查思路及主题，不断充实稽查内容，减少业务差错。

（3）知识库：收录营销各专业政策文件，定期更新，实时查阅，便于稽查人员学习全业务知识，提升业务水平。

（4）主题库：收录43个稽查主题，依托营销2.0系统功能拓展，实时精准监控，提高数据分析能力和问题研判能力。

（5）《地市级供电企业电力营销数字化合规管控》：运用数字化工具精准定位异常点，并给出切实可行的解决方法，是适用于稽查人员能力提升、营销核心知识、业务质量常见典型性问题常见等于一体的培训材料，有助于提高公司整体业务质量水平及稽查管控能力。

通过运用这些指导工具，营销数字化稽查工作室可培训新进稽查工作人员，教材储备专业合规且齐全，并提供现场培训指导（见图8–3），促使新进稽查工作人员更快融入稽查工作，也可指导区县稽查队伍完善数字化管理机制，识别业务风险，加强合规管控。

图8–3　培训指导

三、具备推广应用价值成效

2024年，营销数字化稽查工作室已融合业务质量监控、合规管理分析、稽查成果展示、技术模型研创、人才队伍建设等功能，构建内部协作、横向协作和纵向管控的工作机制，对上支撑，对下赋能，精准发力、及时发现专业合规漏洞。将稽查工作室打造成为“监控中台、服务中台、稽核中台、知识中台”四位一体的营销精益合规管控“智慧中枢”，助力营销依法合规及挖潜增效。

未来，国网宁波供电公司将进一步完善精益数字化合规管控体系，全力构建内部协作、横向协同和纵向管控的工作机制。营销内部采取合规＋服务、合规 + 计量、合规 + 业扩等合规 + 专业模式，强化内部业务联动，建立评价考核体系，实现异常问题的闭环处理，提升营销业务质量管控、风险防控水平；横向与纪检、审计等部门协同发力，实现全方位守护营销专业合规可控；纵向梳理营销核心业务指标及关联逻辑，打造覆盖营销全业务、分时分域分主题的“指标监测平台”，推行业务质效“集中监控、属地治理”，实现营销业务运营全专业、全过程实时感知、可视可控。

通过对电力营销数字化合规管控方法和体系的探索和应用，精准分析和挖掘数据价值，既实现了风险管控关口的前移，提升了电力企业供用电业务办理全过程、全业务、全环节风险分析识别和管控的精准性，又能大幅提升相关风险识别处理的工作效率，对数字化合规管控业务效果尤为突出，大幅降低相关工作人员的工作压力，降低供电企业人力成本，值得在整个电力行业内全面推广和运用。

附录　规范性引用文件

规范性引用文件

序号	发布文件部门	文件名称	发布时间	文号
1	国家发改委	《供电营业规则》	2024-2-8	国家发改委 14 号文
2	国家发改委	《国家发展改革委关于第三监管周期省级电网输配电价及有关事项的通知》	2023-5-9	浙发改价格〔2023〕139 号
3	国家发改委	《国家发改委办公厅关于组织开展电网单位代理购电有关事项的通知》	2021-10-23	发改办价格〔2021〕809 号
4	国家发改委	《关于清理规范城镇供水供电供气供暖行业收费促进行业高质量发展的意见》	2020-12-23	国办函〔2020〕129 号
5	国家发改委	《国家发展改革委国家能源局关于全面提升“获得电力”服务水平持续优化用电营商环境的意见》	2020-9-25	发改能源规〔2020〕1479 号
6	国家发改委	《国家发展改革委关于电动汽车用电价格政策有关问题的通知》	2014-7-22	发改价格〔2023〕526 号
7	国家市场监督管理总局	《重要电力用户供电电源及自备应急电源配置技术规范》	2018-12-28	GB/T 29328—2018
8	浙江省交通运输厅、发改委	《关于进一步推进靠港船舶使用岸电工作实施意见的通知》	2020-7-30	浙交〔2020〕66 号
9	浙江省物价局	《浙江省物价局关于降低高可靠性供电和临时接电费用收费标准的通知》	2017-4-1	浙价资〔2017〕46 号
10	国网营销部	《国家电网有限公司营销稽查监控运营管理办法》	2023-5-12	国网（营销 /3）988—2023
11	国网营销部	《国家电网公司计量资产全寿命管理办法》	2022-2-7	国网（营销 /4）390—2022
12	国网营销部	《国网营销部关于进一步优化营销稽查工作成效认定标准的通知》	2022-1-18	营销客户函〔2022〕3 号

续表

序号	发布文件部门	文件名称	发布时间	文号
13	国网营销部	《国网营销部关于印发全面治理业扩报装“体外循环”问题积极构建长效机制意见的通知》	2022-1-11	营销营业〔2022〕2号
14	国网营销部	国家电网有限公司关于印发《营销业务风险数字化内控体系建设指引》的通知	2021-11-19	国家电网营销〔2021〕587号
15	国网营销部	《国家电网有限公司关于开展营销业务风险数字化内控体系建设的指导意见》	2021-5-14	国家电网营销〔2021〕266号
16	国网营销部	《营销稽查作业指导手册》	2021-1	营销客户〔2021〕2号
17	国网营销部	《国家电网公司计量标准化作业指导书》	2020-10-30	营销综〔2020〕67号
18	国网营销部	《国家电网公司电能计量故障、差错调查处理规定》	2014-10-1	国网（营销/4）385—2014
19	国网办公厅	《国家电网公司关于印发分布式电源并网相关意见和规范（修订版）的通知》	2013-11-29	国家电网办〔2013〕1781号
20	国网浙江省电力有限公司	国网浙江省电力有限公司关于印发《国网浙江省电力有限公司用户侧储能系统并网服务管理细则（暂行）》的通知	2024-3-7	浙电营〔2024〕161号
21	国网浙江省电力有限公司	《国网浙江省电力有限公司关于进一步明确分布式光伏发电项目接入有关标准的通知》	2023-10-23	浙电营〔2023〕723号
22	国网浙江省电力有限公司	《国网浙江省电力有限公司关于修订营销项目管理规范的通知》	2023-9-13	浙电营〔2023〕639号
23	国网浙江省电力有限公司	《国网浙江省电力有限公司关于印发打造全国电力营商环境先行示范三年行动方案（2021年—2023年）的通知》	2021-6-11	浙电办〔2021〕1382号
24	国网浙江省电力有限公司	《国网浙江省电力公司关于进一步推进电能替代的实施方案》	2016-10-28	浙电营〔2016〕812号